L'URGENCE DE
Gagner des Âmes

Une Quête pour Accomplir la Grande Mission en Gagnant les Perdus à Tout Prix

Pasteure Dr. Claudine Benjamin

L'URGENCE DE GAGNER DES ÂMES. Copyright @ 2025. Pasteure Dr. Claudine Benjamin. Tous droits réservés.

Pour plus d'informations ou pour réserver un événement, contactez: inspiredtowinsouls@gmail.om

Aucune partie de cette publication ne peut être reproduite, stockée dans un système de recherche ou transmise sous quelque forme ou par quelque moyen que ce soit, électronique, mécanique, photocopie, enregistrement ou autre, sans l'autorisation écrite préalable de l'auteur.

Ce livre est partiellement adapté de «The Great Commission Connection» du Dr Raymond Culpepper. Utilisation autorisée. Tous droits réservés.

Publié par:

ISBN: 978-1-965635-84-1 (livre de poche)

Sauf indication contraire, toutes les citations bibliques sont tirées de la version King James (KJV).

Les citations bibliques marquées «KJV» sont tirées de la Sainte Bible, version King James (domaine public).

Dévouement

Ce livre est dédié à chaque croyant qui comprend que le temps est court, que l'éternité est réelle et que la moisson est prête.

À mes enfants et petits-enfants, je prie pour que le fardeau des âmes perdues repose sur vous et que vous gagniez les perdus à tout prix.

Aux gagneurs d'âmes – passés, présents et futurs – qui répondent à l'appel «d'aller dans le monde entier et prêcher l'Évangile», votre obéissance résonne dans le ciel.

À ceux qui portent le fardeau des perdus, que votre feu ne s'éteigne jamais. À ceux qui attendent encore de s'engager dans la mission, que ce livre allume en vous un sentiment d'urgence sacrée.

Par-dessus tout, ceci est dédié à notre Seigneur et Sauveur Jésus-Christ, Celui qui est venu chercher et sauver les perdus, nous a donné la Grande Mission et reviendra bientôt.

Puissions-nous travailler pendant qu'il fait jour, car la nuit vient où personne ne peut travailler.

«Le fruit du juste est un fruit de l'arbre de vie, et le sage captive les cœurs.» (Proverbes 11 :30).

Remerciements

Avant tout, je rends gloire et honneur à Dieu, dont l'amour pour l'humanité nourrit en moi le feu qui m'amène à accomplir l'appel de la Grande Mission. Ce livre n'aurait pas été possible sans sa direction, sa grâce et son onction divines.

J'exprime ma plus profonde gratitude au *Dr Raymond F. Culpepper* pour sa généreuse autorisation d'inclure des extraits de son ouvrage puissant et éclairant, *The Great Mission Connection*. Son engagement de toute une vie pour l'évangélisation et le discipulat continue d'inspirer les dirigeants et les croyants du monde entier. Merci, Dr Culpepper, pour votre générosité, votre héritage et votre dévouement à atteindre les perdus.

À ma famille et à mes proches: merci d'avoir cru en ma vocation et de m'avoir soutenu par vos prières, vos encouragements et vos innombrables sacrifices. Votre patience et votre amour m'ont porté à travers de nombreuses épreuves, et je vous en serai éternellement reconnaissante.

À ma famille d'église et à tous ceux qui m'accompagnent dans mon ministère, merci pour votre soutien, vos encouragements et vos prières. Votre amour et votre fidélité m'ont fortifié dans ce cheminement.

À tous ceux qui gagnent des âmes, prédicateurs, intercesseurs et formateurs de disciples : ce livre est pour vous. Puisse-t-il raviver votre feu, renouveler votre concentration et vous pousser plus profondément dans l'obéissance à la Grande Mission. Allons dans le monde entier, proclamer la Bonne Nouvelle et secourir les perdus, quel qu'en soit le prix.

Enfin, à chaque lecteur, merci de m'avoir accompagné dans ce voyage. Je prie pour que ce livre réveille en vous un besoin profond et incontournable : l'urgence de gagner des âmes, le désir d'atteindre les exclus et le désir d'accomplir le mandat du Christ pour votre génération.

Puisse ce livre éveiller en vous un désir inébranlable de gagner des âmes et de devenir ouvrier dans le champ de la moisson. Je prie que les mots qu'il contient vous poussent à l'action, approfondissent votre compassion pour les perdus et vous donnent la force d'accomplir votre part dans la Grande Mission, quel qu'en soit le prix. Puisse ce livre éveiller en vous et raviver votre passion pour les âmes avec urgence, compassion et audace.

Ensemble, gagnons ce qui sont perdus à tout prix.

Avec gratitude,

Pasteure Claudine Benjamin

À *propos de l'auteur*

Pasteure Claudine Benjamin est une gagneuse d'âmes passionnée, une servante dévouée du Seigneur et une voix qui crie avec urgence pour réveiller l'Église à sa mission divine: la Grande Mission. Avec un cœur qui bat pour les perdus et une voix qui dit la vérité avec clarté et compassion, pasteur Claudine a passé des années à prêcher l'Évangile par la prédication, l'enseignement et l'évangélisation personnelle.

Sa vocation est claire: éveiller le feu chez les croyants pour atteindre les non-atteints, aimer ceux qui ne sont pas aimés et proclamer la vérité du salut sans compromis. S'appuyant sur les Écritures, son expérience personnelle et la conviction du Saint-Esprit, elle inspire les autres à cheminer avec audace dans leur vocation et à devenir des ouvriers dans le champ de la moisson.

Pasteure Claudine est prédicatrice, auteure, mentor et intercesseuse. Elle forme les autres à devenir des témoins courageux du Christ. Son ministère véhicule un message d'urgence, d'obéissance et d'amour, rappelant à l'Église que le temps est court et que l'éternité est réelle.

Lorsqu'elle n'écrit pas ou n'exerce pas son ministère, elle prie, jeûne et s'investit dans la vie des autres avec un engagement indéfectible envers son appel. Son plus grand désir est d'entendre ces mots: *«C'est bien, bon et fidèle serviteur»,* et de voir des multitudes venir à Christ grâce à une Église qui ose répondre à l'appel.

La pasteure Claudine est également une fière mère et grand-mère de six beaux petits-enfants.

Table des matières

Dédicace 3
Remerciements v
À propos de l'auteur 7
Introduction : L'urgence de gagner des âmes 11
Chapitre 1 : Tout le monde peut devenir un gagneur d'âmes 15
Chapitre 2 : La Parole, la prière et le Saint-Esprit dans le gain des âmes
.... 19
Chapitre 3 : Aimez-les dans le Royaume 37
Chapitre 4 : Gagner des âmes dans la famille 41
Chapitre 5 : Gagner des âmes sur le lieu de travail 47
Chapitre 6 : Comment puis-je commencer à gagner des âmes? 51
Chapitre 7 : À cœur ouvert 55
Chapitre 8 : Ceux qui ont des difficultés 63
Chapitre 9 : Ceux qui ont des excuses 79
Chapitre 10 : Les pharisaïques 85
Chapitre 11 : Sceptiques 95
Chapitre 12 : Objections à l'idée d'amener des âmes à Christ 109
Chapitre 13 : Plein d'excuses 119
Chapitre 14 : Conseils pour gagner des âmes 127
Chapitre 15 : L'Incertain 141

Chapitre 16 : Le pouvoir de gagner des âmes 159

Chapitre 17 : L'Indifférent 165

Chapitre 18 : La Grande Mission 171

Chapitre 19 : Commandement de prêcher : la prédication biblique et la Grande Mission 185

Chapitre 20 : L'évangélisation personnelle et la Grande Mission . 201

Chapitre 21 : Atteindre les peuples non atteints : les missions mondiales et la Grande Mission 205

Chapitre 22 : Équiper l'Église pour l'évangélisation 213

Liste de références bibliques : Équiper l'Église pour l'évangélisation 221

Écritures sur le gain d'âmes et la Grande Mission 223

Appel à l'action : vos prochaines étapes en tant que gagneur d'âmes 227

Bibliographie 229

Introduction

L'urgence de gagner des âmes

Gagner des âmes fait partie de la Grande Mission.

Jésus dit dans Marc 16:15: *«Allez par tout le monde, et prêchez la bonne nouvelle à toute la création.»* Le but ultime, cependant, est de faire des disciples, comme le souligne Matthieu 28:18-20: *«Jésus, s'étant approché, leur parla ainsi: «Tout pouvoir m'a été donné au ciel et sur la terre. Allez donc, faites de toutes les nations des disciples, les baptisant au nom du Père, du Fils et du Saint-Esprit, et enseignez-leur à observer tout ce que je vous ai prescrit. Et voici, je suis avec vous tous les jours, jusqu'à la fin du monde. Amen.»*

Seuls ceux qui sont sauvés peuvent vraiment être disciples.

Il est sage de gagner des âmes (voir Proverbes 11:30).

L'évangélisation fournit une **armure protectrice**: *«Et mettez pour chaussure à vos pieds le zèle que donne l'Évangile de paix.»* *(Éphésiens 6:15).*

Pasteure Dr. Claudine Benjamin

Gagner des âmes doit être urgent.

L'urgence ne vient pas seulement de la méthode, mais de la réalité de l'état spirituel de l'humanité. Le temps presse, et ceux qui meurent dans leurs péchés périront en enfer sous la colère implacable et juste de Dieu.

Il est urgent de gagner des âmes car le péché coûtera cher au monde.

Ézéchiel 18:4 dit: *«Voici, toutes les âmes sont à moi; comme l'âme du père, ainsi l'âme du fils est à moi; l'âme qui pèche, c'est celle qui mourra.»* L'âme qui pèche mourra. Des âmes pleurent et des gens périssent. Nous devons gagner les perdus à tout prix.

Dans la société moderne, le péché a perdu son acuité. Il a été dilué dans des termes psychologiques et qualifié de faiblesse ou de maladie. Mais ses conséquences demeurent inchangées. Le péché nous sépare de Dieu, engendre des sentiments de culpabilité et d'infériorité, et prive les pécheurs de la paix de l'esprit.

Le péché finira par vous rattraper.

Beaucoup tentent d'ignorer cette réalité. Ils se croient l'exception à la loi divine qui dit: *«On récolte ce que l'on sème.»* Ils ne réfléchissent guère aux conséquences de leurs péchés. Le péché peut être extrêmement coûteux. Nous ne pouvons pas mesurer pleinement la tristesse et le chagrin qu'il a infligés au monde.

Lorsque vous péchez, vous vous éloignez de Dieu en suivant votre propre chemin plutôt que le Sien. Accepter Jésus-Christ comme votre Rédempteur et Sauveur personnel et choisir de vivre en sa présence est le seul moyen de vous protéger du péché. Vous connaîtrez la véritable liberté par lui, car le Saint-Esprit vous donne la force de vivre victorieusement et sans culpabilité.

En tant que personnes nées de nouveau, nous devrions avoir à cœur de partager la vérité selon laquelle, tout au long de l'histoire, ceux qui ont accueilli le Christ dans leur vie ont trouvé la joie. Jésus lui-même a dit : *«Je suis venu afin que les brebis aient la vie, et qu'elles l'aient en abondance.» (Jean 10:10)*. Cela signifie que vous pouvez vivre en paix, sachant qu'il est toujours avec vous.

Aujourd'hui, de nombreuses personnes sont prisonnières de mauvaises habitudes et de choix destructeurs. Le Christ vivant leur offre la liberté, brisant les chaînes du péché. D'autres aspirent à l'amour, à la miséricorde et à la compassion dans un monde dur et impitoyable. Jésus continue d'accorder sa grâce à tous ceux qui l'acceptent comme leur Rédempteur et Sauveur.

Lorsque vous accueillez le Maître dans votre vie avec le même enthousiasme que ressentaient les habitants de Jérusalem, la joie et la paix du Christ rempliront votre cœur.

Pour gagner efficacement des âmes, vous devez regarder au-delà de votre situation actuelle. Refusez de laisser les limitations ou les distractions vous empêcher d'accomplir cette grande vocation. Éliminez tout ce qui obstrue votre concentration et engagez-vous de tout votre cœur à servir le Seigneur dans le travail de gagneur d'âmes cette année; c'est votre objectif.

Gagner des âmes, c'est partager la Parole de Dieu et donner aux autres l'opportunité d'accepter Christ, les sauvant ainsi de la séparation éternelle d'avec Dieu. Par ce moyen, ils entrent en relation avec Christ, faisant l'expérience de sa bonté et de son héritage dans cette vie. Comme l'a magnifiquement écrit Fanny Crosby, gagner des âmes, c'est *«secourir ceux qui périssent et prendre soin des mourants»*.

Bien que Dieu utilise des individus comme instruments pour gagner des âmes, l'œuvre elle-même lui appartient du début à la fin. Parce que c'est sa mission, nous pouvons être sûrs qu'en œuvrant à l'évangélisation, il attirera des personnes au salut. Par-dessus tout, nous devons croire en la puissance de Dieu pour transformer des vies.

Chapitre 1

Tout le Monde Peut Devenir un Gagneur d'Âmes

Pour être un gagneur d'âmes efficace, certaines exigences doivent être remplies, mais chaque enfant de Dieu peut les remplir et conduire les autres à Christ.

Avant tout, quiconque cherche véritablement à amener des âmes à Christ doit Le connaître personnellement comme son Sauveur. Si nous désirons conduire les autres à Lui, nous devons nous détourner du péché, de la mondanité et de l'égoïsme, et abandonner pleinement notre cœur à Jésus. Il doit exercer une autorité totale sur nos pensées, nos objectifs, nos actions et notre vie entière. Si nous persistons à suivre notre propre voie au lieu de nous soumettre à Lui, notre capacité à gagner des âmes sera entravée et des vies qui auraient pu être sauvées pourraient être perdues.

Lorsque le Christ est véritablement honoré dans nos vies, nos ambitions s'estompent et Dieu devient le centre de nos pensées et de nos actions. Ainsi, nous devenons des instruments efficaces entre ses mains.

Pasteure Dr. Claudine Benjamin

Pour réussir à gagner des âmes, je vous encourage à développer ces qualités: la sainteté de caractère, l'abandon total à Dieu, une vie spirituelle profonde et active, la consécration quotidienne, l'humilité, une foi inébranlable et l'onction du Saint-Esprit.

Raisons d'Être un Gagneur d'Âmes

La raison la plus importante pour laquelle il faut gagner des âmes est que c'est un commandement de Dieu. Gagner des âmes n'est pas seulement un programme d'église ou une stratégie de croissance; c'est un mandat direct du Seigneur Jésus à chaque croyant. C'est pourquoi gagner des âmes est la plus grande responsabilité de chaque chrétien.

Quand nous disons que c'est un *commandement*, que voulons-nous dire? Un commandement est une chose à laquelle il faut obéir; il n'est sujet à aucune discussion, suggestion ou débat. De même que l'amour est un commandement, gagner des âmes l'est aussi. Il est temps pour nous de répondre à cet appel et de prendre au sérieux la mission d'évangélisation.

Jésus l'a clairement exprimé dans **Matthieu 28:18-19**: *«Jésus, s'étant approché, leur parla ainsi: Tout pouvoir m'a été donné au ciel et sur la terre. Allez donc, faites de toutes les nations des disciples, les baptisant au nom du Père, du Fils et du Saint-Esprit.»*

Une autre raison importante d'être un gagneur d'âmes est la joie que cela procure au ciel. La Bible nous dit que lorsqu'un pécheur se repent, une grande joie règne parmi les anges. La guérison divine, la délivrance et autres miracles sont merveilleux, mais rien n'apporte plus de joie au ciel que le salut d'une âme. Gagner des âmes n'est pas seulement agréable à Dieu, c'est son plus grand plaisir.

Il y a de la joie au ciel pour chaque âme qui se repent. C'est pourquoi vous et moi devons être des gagneurs d'âmes. Conduire quelqu'un à Christ apporte la joie au ciel. Remercions Dieu pour la guérison divine, la délivrance et les autres bonnes œuvres, mais ce qui réjouit véritablement le cœur du Père, c'est le salut des âmes. Gagner des âmes est une joie pour Dieu, et il est juste de dire que la plus grande joie au ciel provient du salut des âmes.

Nous devons donc relever ce défi et prendre l'évangélisation au sérieux. Luc 10:7 dit: *«Demeurez dans cette maison, mangeant et buvant ce qu'on vous donne; car l'ouvrier mérite son salaire. N'allez pas de maison en maison.»* Dans Luc 10:10, Jésus nous instruit: *«Dans quelque ville que vous entriez et qu'on ne vous reçoive pas, sortez dans les rues, et dites.»*

Gagner des âmes est notre mission divine. Acceptons-la de tout notre cœur, sachant que chaque salut apporte la joie au ciel.
Des millions de personnes dans le monde ne sont toujours pas sauvées. C'est pourquoi la mission de gagner des âmes doit être prise au sérieux.

Savez-vous que beaucoup n'ont jamais entendu l'Évangile? Savez-vous que d'innombrables âmes se dirigent vers une éternité perdue ? Aujourd'hui encore, certaines personnes n'ont pas encore connu Jésus-Christ comme leur Seigneur et Sauveur personnel.

Pasteure Dr. Claudine Benjamin

C'est pourquoi gagner des âmes n'est pas une option: c'est un mandat divin. Que cette mission remplisse votre cœur et guide vos actions, au nom de Jésus.

Chaque âme est éternelle; elle ne peut mourir. Lorsque le corps périt et retourne à la poussière, qu'il soit enterré, incinéré ou perdu en mer, l'âme continue de vivre. Elle existera pour l'éternité.

Chaque âme a le potentiel d'être transformée à l'image du Christ. Aussi misérable qu'une personne puisse paraître, elle peut être transformée par la puissance et la miséricorde de notre Dieu d'amour.

Nous sommes des témoignages vivants de cette vérité. Autrefois, nous étions perdus dans le péché, menant une vie insouciante et dénuée de sens. Mais dès que nous avons choisi d'ouvrir notre cœur à Dieu, il s'est étendu de ses mains aimantes, nous a délivrés du péché, nous a purifiés et transformés. Maintenant, nous marchons sur le chemin de la gloire!

Chapitre 2

La Parole, la Prière et le Saint-Esprit dans la Conquête des Âmes

Si vous voulez vraiment gagner des âmes, vous devez posséder une connaissance approfondie et concrète de la Parole de Dieu. La Bible l'appelle *«l'épée de l'Esprit»* (voir Éphésiens 6:17), que Dieu utilise pour convaincre les cœurs, révéler le Christ et sauver les hommes de la damnation éternelle.

Nous devons nous appuyer à la fois sur la Parole de Dieu et sur le Saint-Esprit pour amener les gens à Christ. La Parole révèle le besoin de l'humanité d'un Sauveur, présente Jésus comme le seul Sauveur et montre le chemin pour l'accueillir personnellement.

Connaître Christ comme Sauveur permet aux croyants d'affronter les défis du cheminement chrétien. Pour gagner efficacement des âmes, nous devons travailler en partenariat avec le Saint-Esprit, qui nous guidera vers les bons passages bibliques dans chaque situation, conduisant ainsi les âmes à Christ.

Nous devons toujours nous rappeler que le Saint-Esprit convainc le pécheur, convertit le repentant et consacre le croyant.

Le salut est entièrement l'œuvre du Saint-Esprit. Il nous utilise comme instruments pour servir l'humanité perdue, mais sa puissance transforme des vies.

Prière

Si nous voulons réussir à amener des âmes à Christ, la prière est essentielle: une prière sincère, fréquente et intercessoire. Chaque étape du cheminement des âmes vers le salut doit être fondée sur la prière.

Premièrement, nous devons demander à Dieu de nous guider vers les bonnes personnes. Il ne nous demande pas de parler à tous ceux que nous rencontrons, car cela pourrait nous faire perdre un temps précieux avec ceux que nous ne sommes pas censés atteindre. Au contraire, nous devrions rechercher sa direction, en lui faisant confiance pour nous guider vers ceux dont le cœur est prêt.

Actes 8:29 dit: «*Alors l'Esprit dit à Philippe: Avance, et approche-toi de ce char.*» Ce passage montre comment l'ange du Seigneur a dirigé Philippe vers l'eunuque éthiopien, le menant au salut. De même, lorsque nous prions, Dieu nous guide vers ceux qu'il a préparés à recevoir sa Parole.

La prière est essentielle pour gagner des âmes

Dans notre engagement à gagner des âmes, nous devons rechercher la direction du Seigneur. L'Esprit de Dieu est toujours à l'œuvre dans la vie des gens, les attirant à lui, et Sa puissance est à notre disposition lorsque nous annonçons l'Évangile.

Nous devons prier pour qu'Il nous guide, Lui demandant de nous conduire vers les bonnes personnes au bon moment. Nous devons aussi compter sur sa puissance pour surmonter la peur et prononcer les paroles justes avec sagesse et audace.

Parce que Dieu connaît chaque cœur, Il nous guidera dans ce que nous devons dire et dans les passages bibliques à partager avec ceux vers qui Il nous conduit.

Les gagneurs d'âmes expérimentés peuvent témoigner de moments où Dieu les a orientés vers des versets bibliques précis qu'ils n'avaient peut-être pas choisis d'eux-mêmes, mais qui répondaient pourtant exactement à leurs besoins. Lorsque nous nous appuyons sur le Saint-Esprit, il nous donne les paroles justes pour toucher des vies et amener des âmes à Christ.

Le Pouvoir de la Prière Pour Gagner des Âmes

Nous devons demander à Dieu les mots justes à dire et sa puissance pour les rendre efficaces. Il ne suffit pas d'avoir un message de Dieu; nous avons besoin de Sa puissance Divine pour le transmettre au cœur de celui à qui nous témoignons.

Les gagneurs d'âmes doivent apprendre cette leçon par l'expérience: nous ne pouvons pas convertir un pécheur par nos propres forces. Mais lorsque nous adressons une prière fervente à Dieu pour qu'Il nous aide, Il nous entend et nous donne la force dont nous avons besoin.

Après avoir accompli notre part, nous devons faire confiance à Dieu pour qu'il poursuive l'œuvre. Que nos efforts semblent fructueux ou non, nous devons confier chaque âme à Dieu dans la prière.

Pasteure Dr. Claudine Benjamin

Dans le monde trépidant d'aujourd'hui, l'un des plus grands besoins de chaque travailleur est de consacrer plus de temps à la prière. Prier davantage ne signifie pas travailler moins; cela signifie accomplir bien plus par la puissance de Dieu.

Le Saint-Esprit

Pour réussir à gagner des âmes, vous devez être baptisé du Saint-Esprit. Actes 1:8 déclare: *«Mais vous recevrez une puissance, le Saint-Esprit survenant sur vous, et vous serez mes témoins à Jérusalem, dans toute la Judée, dans la Samarie, et jusqu'aux extrémités de la terre.»*

Jésus a prononcé ces paroles à ses disciples après leur avoir confié la Grande Mission, leur demandant d'amener des hommes et des femmes à lui. La clé du pouvoir de gagner des âmes reste la même aujourd'hui: elle vient après que le Saint-Esprit nous ait remplis.

Le jour de la Pentecôte, lorsque le Saint-Esprit est descendu sur les disciples, plus de 3 000 âmes ont été sauvées. Cela démontre que le véritable succès de l'évangélisation n'est possible que par la puissance du Saint-Esprit.

Vous Recevrez de la Puissance: Le Saint-Esprit et la Grande Mission

Juste avant son ascension, Jésus a rencontré ses disciples sur une montagne en Galilée. Ce fut probablement l'un des moments les plus marquants qu'ils partageraient avec lui. C'est là qu'Il a annoncé la mission de l'Église, ses ordres de marche.

L'urgence de gagner des âmes

Ce jour-là, Jésus a esquissé un plan d'évangélisation mondiale, une mission si vitale qu'elle a été baptisée la Grande Mission. Qui aurait pu imaginer qu'un rassemblement discret sur une montagne de Galilée allait façonner le cours de l'histoire, établissant ainsi la référence pour la diffusion de l'Évangile dans le monde entier?
Au cours de cette rencontre, Jésus:

- A déclaré Son autorité.
- A donné Son ordre.
- A décrit le plan d'opération.
- A énoncé l'obligation des disciples.
- Leur a transmis Son message.

Il les a assurés de Sa présence éternelle. Son autorité pour la Commission était claire: *«Tout pouvoir m'a été donné au ciel et sur la terre.» (Matthieu 28:18).*

En tant que Fils Tout-puissant de Dieu, Il a veillé à ce que toute la puissance du ciel et de la terre soutienne cette mission divine. Jésus a alors donné cet ordre: *«Allez, faites de toutes les nations des disciples, les baptisant au nom du Père, du Fils et du Saint-Esprit.» (Matthieu 28:19).*

Il a exposé le plan d'action: allez, enseignez tous les hommes en tous lieux, baptisez-les et enseignez-leur à observer tout ce qu'Il a prescrit. Il a également souligné leur obligation de suivre et d'enseigner tout ce qu'Il a dit. Enfin, Il leur a fait une promesse éternelle: *«Voici, je suis avec vous tous les jours, jusqu'à la fin du monde. Amen.» (Matthieu 28:20).*

Pasteure Dr. Claudine Benjamin

De Galilée, les disciples se rendirent au mont de l'Ascension, puis à la chambre haute, où ils restèrent jusqu'à la Pentecôte. Chacun des évangélistes – Matthieu, Marc, Luc et Jean – a rapporté une version de la Grande Mission.

Le Récit de Matthieu

Allez, faites de toutes les nations des disciples, les baptisant au nom du Père, du Fils et du Saint-Esprit, et enseignez-leur à observer tout ce que je vous ai prescrit. Et voici, je suis avec vous tous les jours, jusqu'à la fin du monde. Amen. (Matthieu 28:19-20)

Le Compte de Mark

Allez par tout le monde, et prêchez la bonne nouvelle à toute la création. Celui qui croira et sera baptisé sera sauvé, mais celui qui ne croira pas sera condamné. Voici les miracles qui accompagneront ceux qui auront cru: en mon nom, ils chasseront les démons; ils parleront de nouvelles langues. (Marc 16:15-17)

La Puissance du Saint-Esprit dans la Grande Mission

Le Récit de Luc

«Et que la repentance et le pardon des péchés soient prêchés en Son nom à toutes les nations, à commencer par Jérusalem. Vous en êtes témoins. Et voici, j'envoie sur vous ce que mon Père a promis. Mais vous, restez dans la ville de Jérusalem, jusqu'à ce que vous soyez revêtus de la puissance d'en haut.» (Luc 24:47-49)

Le Récit de John

Jésus leur dit de nouveau: La paix soit avec vous! Comme mon Père m'a envoyé, moi aussi je vous envoie. Après avoir dit cela, il souffla sur eux, et leur dit: Recevez le Saint-Esprit. (Jean 20:21-22)

L'affirmation de Luc dans le Livre des Actes

«Et, s'étant assemblé avec eux, il leur recommanda de ne pas s'éloigner de Jérusalem, mais d'attendre ce que le Père avait promis, ce que, dit-il, vous avez entendu de moi. Car Jean a baptisé d'eau; mais vous, vous serez baptisés du Saint-Esprit dans peu de jours. Mais vous recevrez une puissance, le Saint-Esprit survenant sur vous, et vous serez mes témoins à Jérusalem, dans toute la Judée, dans la Samarie, et jusqu'aux extrémités de la terre.» (Actes 1:4-5, 8)

Dans le contexte de la Grande Mission, nous voyons la puissance du Saint-Esprit et la nécessité du baptême dans l'Esprit pour l'accomplissement de cette mission divine. La puissance du Saint-Esprit est la force motrice de la Grande Mission.

Le Christ leur a non seulement donné l'ordre d'aller, mais il leur a aussi ordonné de rester: *«Allez, mais restez.»* Ils ne devaient pas quitter Jérusalem avant d'être pleinement équipés. Jésus l'a clairement indiqué: *«Vous devez être revêtus de la puissance d'en haut.»* Le mot grec pour *revêtu* est *enduo*, qui signifie *«être revêtu»*. Jésus disait en substance: *«N'allez pas avant d'être revêtus de la puissance d'en haut.»*

Pasteure Dr. Claudine Benjamin

Le Rôle du Saint-Esprit de la Création à la Rédemption

Il est significatif que le dernier message prêché par Jésus avant son ascension ait porté sur la plénitude de l'Esprit, car le pouvoir de témoigner n'était pas facultatif. C'était un commandement : *«N'allez pas avant d'être rempli.»*

De la Genèse à l'Apocalypse, le Saint-Esprit a joué un rôle essentiel dans le plan rédempteur de Dieu pour l'humanité. La Bible s'ouvre ainsi: *«Au commencement, Dieu»*, et nous voyons que l'Esprit se mouvait au-dessus de l'abîme. Le plan du salut n'était pas une idée secondaire: Jésus était l'Agneau immolé dès la fondation du monde.

Tout au long des Écritures, nous voyons le Saint-Esprit à l'œuvre, de la création à la fin des temps. Même dans le dernier livre de la Bible, l'Esprit continue d'appeler les perdus: *«L'Esprit et l'épouse disent: Viens... Et que celui qui veut prenne de l'eau de la vie, gratuitement.» (Apocalypse 22:17)*.

L'Œuvre du Saint-Esprit pour Atteindre les Perdus

Le ministère du Saint-Esprit auprès des perdus est clairement décrit par Jésus dans Jean 16:7-11: *«Cependant, je vous dis la vérité: il vous est avantageux que je m'en aille. Car si je ne m'en vais pas, le Consolateur ne viendra pas vers vous; mais si je m'en vais, je vous l'enverrai. Et quand il sera venu, il convaincra le monde en ce qui concerne le péché, la justice et le jugement: le péché, parce qu'ils ne croient pas en moi; la justice, parce que je m'en vais au Père, et que vous ne me verrez plus; le jugement, parce que le prince de ce monde est jugé.»*

Jésus explique le rôle essentiel du Saint-Esprit pour attirer les pécheurs au salut. Le processus par lequel un pécheur s'approche du Christ est clairement exposé ici:

1. **Conviction de péché** – Le Saint-Esprit convainc les pécheurs de leur incrédulité, révélant leur besoin de Christ.

2. **Révéler la justice** – Le Saint-Esprit témoigne de la justice du Christ, montrant que Jésus est le seul chemin vers le Père.

3. **Avertissement de jugement** – Le Saint-Esprit montre clairement que Satan a déjà été jugé et que ceux qui rejettent le Christ seront également jugés.

Sans l'œuvre du Saint-Esprit, aucun pécheur ne reconnaîtrait sa perdition ni son besoin de salut. Par sa conviction divine, les cœurs sont adoucis et attirés vers le Christ.

Le Rôle du Saint-Esprit dans le Salut

Le Saint-Esprit joue un rôle essentiel pour amener les pécheurs à Christ. Il accomplit cela à travers trois fonctions clés :

1. **Conviction de péché** – Le Saint-Esprit révèle aux pécheurs leur condition de perdition, leur faisant prendre conscience de leur besoin de salut. Jean 16:8 dit: *«Et quand il sera venu, il convaincra le monde en ce qui concerne le péché, la justice, et le jugement.»* Personne ne peut reconnaître son besoin de Christ tant que l'Esprit ne le lui révèle pas.

2. **Attirer le pécheur** – Jésus lui-même a déclaré: *«Nul ne peut venir à moi, si le Père qui m'a envoyé ne l'attire»* (Jean

6:44a). Le Saint-Esprit attire le pécheur vers Christ, touchant son cœur et éveillant ses besoins spirituels.

3. **Illumination par la Parole** – Le Saint-Esprit utilise la Parole de Dieu pour ouvrir les yeux des pécheurs. Éphésiens 1:18 parle de cette œuvre: *«Que les yeux de votre cœur soient illuminés.»* Lorsque l'Évangile est prêché par la puissance de l'Esprit, il pénètre les cœurs et conduit les gens à la repentance.

Exemples Bibliques de la Conviction du Saint-Esprit

Le Nouveau Testament fournit des exemples clairs où le Saint-Esprit a convaincu des pécheurs:

- Pentecôte (voir Actes 2:37) – Pierre prêcha sous l'onction du Saint-Esprit, et le peuple fut touché au cœur et s'écria: «Hommes frères, que ferons-nous?» En conséquence, 3 000 âmes furent sauvées.

- Le sermon d'Étienne (voir Actes 7:54) – Tandis qu'Étienne proclamait la vérité, le peuple fut «profondément touché» par la conviction. Cependant, au lieu de capituler, ils résistèrent à l'Esprit et lapidèrent Étienne.

- La conversion de Paul (Actes 9:3-5) – Sur la route de Damas, Paul a rencontré Jésus lors d'une révélation divine. Jésus lui a dit: *«Il te serait dur de regimber contre les aiguillons»,* faisant référence à la conviction profonde à laquelle Paul résistait.

La puissance du Saint-Esprit dans l'Évangélisation

Un prédicateur s'est demandé un jour comment tant de personnes ont été gagnées à Christ par des messages sur le Saint-Esprit. La réponse est simple: ce n'est pas notre puissance qui sauve, mais le Saint-Esprit qui agit à travers nous. Lorsque l'Évangile est prêché avec la puissance de l'Esprit, il brise les résistances et ouvre les cœurs au salut.

L'Œuvre du Saint-Esprit dans la Vie du Croyant pour Gagner des Âmes

1. Marcher dans l'Esprit (voir Romains 8:1-4)

«Il n'y a donc maintenant aucune condamnation pour ceux qui sont en Jésus-Christ, qui marchent, non selon la chair, mais selon l'Esprit.» (Romains 8:1)

Les gagneurs d'âmes doivent vivre une vie remplie de l'Esprit, libres du contrôle du péché, afin qu'ils puissent être utilisés efficacement par Dieu.

2. Être Spirituellement Orienté (voir Romains 8:5-8)

Un esprit contrôlé par l'Esprit recherche les choses de Dieu, ce qui permet aux croyants d'avoir le cœur et la vision pour gagner des âmes.

3. Mortifier les Actions du Corps (voir Romains 8:13)

Le péché entrave l'évangélisation. Le Saint-Esprit aide les croyants à surmonter leurs désirs charnels, faisant d'eux des instruments purs pour Son usage.

4. Être Conduit par l'Esprit (Romains 8:14)

L'Esprit guide les croyants vers qui témoigner, tout comme Il a conduit Philippe vers l'eunuque éthiopien (voir Actes 8:29).

5. L'Esprit d'Adoption (Romains 8:15-16)

En tant qu'enfants de Dieu, nous avons l'assurance et la confiance de partager l'Évangile, sachant que l'Esprit est avec nous.

Éphésiens: Le Rôle du Saint-Esprit dans le Renforcement des Croyants

Dans Éphésiens, Paul souligne comment l'Esprit fortifie les croyants:

- **Le Sceau du Saint-Esprit (voir Éphésiens 1:13-14)** – L'Esprit est la garantie de notre salut, nous donnant l'audace de témoigner.

- **Sagesse Spirituelle et Révélation (voir Éphésiens 1:17-18)** – Le Saint-Esprit ouvre notre compréhension à la volonté de Dieu et nous donne la sagesse pour atteindre les autres.

- **Renforcer l'homme intérieur (voir Éphésiens 3:16-17)** – L'évangélisation exige une force spirituelle, qui vient du Saint-Esprit qui demeure en nous.

- **Être Rempli de l'Esprit (voir Éphésiens 5:18-19)** – Un croyant rempli de l'Esprit déborde de joie et d'audace pour proclamer l'Évangile.

Le Saint-Esprit est essentiel à la fois à la conviction des pécheurs et à la puissance des croyants. Sans sa présence et sa puissance, gagner des âmes serait impossible. Jésus a ordonné à ses disciples d'attendre l'Esprit avant de commencer leur mission (voir Actes 1:8), et il en va de même aujourd'hui: pour gagner efficacement des âmes, nous devons être remplis et guidés par l'Esprit.

Paul souligne le rôle essentiel du Saint-Esprit dans la vie du croyant, aboutissant au commandement trouvé dans *Éphésiens 5:18*: *«Ne vous enivrez pas de vin; c'est de la débauche, mais soyez remplis de l'Esprit.»*

Ce verset nous appelle à nous appuyer continuellement sur le Saint-Esprit, non seulement pour notre sanctification personnelle, mais aussi pour un ministère efficace, notamment pour gagner des âmes. L'épître aux Éphésiens décrit l'œuvre de l'Esprit dans les croyants:

1. **Scellés par l'Esprit (voir Éphésiens 1:13-14).** Le Saint-Esprit est notre garantie de salut, nous donnant confiance en notre foi et notre témoignage.

2. **Rendus à la Vie par l'Esprit (voir Éphésiens 2:1-5).** De même que nous étions morts dans nos péchés, mais rendus à

la vie par l'Esprit, nous portons désormais le message de vie aux autres.

3. **Une Demeure pour Dieu (voir Éphésiens 2:22).** Lorsque l'Esprit vit en nous, nous devenons des instruments de Sa présence, influençant ceux qui nous entourent.

4. **Fortifiés Intérieurement (voir Éphésiens 3:16).** L'endurance spirituelle et l'audace pour l'évangélisation viennent par la puissance de l'Esprit.

5. **Marcher dans le Fruit de l'Esprit (voir Éphésiens 5:9).** Notre vie devrait refléter le caractère du Christ, rendant notre témoignage efficace.

6. **Rempli de l'Esprit (voir Éphésiens 5:18).** La clé d'une vie chrétienne victorieuse et d'un témoignage puissant est d'être continuellement rempli de l'Esprit.

La Conclusion de Paul: Le Saint-Esprit et le Combat Spirituel

Dans **Éphésiens 6**, Paul termine par un rappel fort que les croyants sont dans une bataille spirituelle et que le Saint-Esprit nous équipe pour la victoire:

- **L'Épée de l'Esprit (voir Éphésiens 6:17)** – La Parole de Dieu est notre arme offensive dans l'évangélisation.

- **Prier dans l'Esprit (voir Éphésiens 6:18)** – Pour gagner efficacement des âmes, il faut prier sous la conduite de l'Esprit.

L'enseignement de Paul sur le Saint-Esprit dans Romains 8 et Éphésiens est clair: la vie, la puissance et l'efficacité du croyant dans l'évangélisation dépendent entièrement du Saint-Esprit. Si nous désirons voir des vies transformées, nous devons marcher au rythme de l'Esprit, être remplis de sa puissance et nous appuyer entièrement sur lui. L'œuvre du Saint-Esprit dans la vie d'un croyant est essentielle pour être un témoin efficace et un gagneur d'âmes. Pour Paul, ce n'était pas facultatif; les croyants ne pouvaient accomplir la Grande Mission sans cette plénitude. Dans Éphésiens 6:10, il les exhorte à «*être forts dans le Seigneur, et par sa force toute-puissante*».

L'urgence et l' Œuvre Du Saint-Esprit dans les Derniers Jours

Une grande action du Saint-Esprit se déploie dans le monde aujourd'hui, appelant l'Église à accomplir la Grande Mission en ces derniers jours. Jacques, un dirigeant de l'Église primitive, a lié la grande moisson finale au retour du Seigneur: «*Soyez donc patients, frères, jusqu'à l'avènement du Seigneur. Voici, le laboureur attend le précieux fruit de la terre, prenant patience à son égard, jusqu'à ce qu'il ait reçu les pluies de la première et de l'arrière-saison.*» *(Jacques 5:7)*.

On parle souvent de la «première pluie» comme de l'effusion du Saint-Esprit le jour de la Pentecôte, et de la «pluie de l'arrière-saison» comme du réveil des derniers jours auquel nous assistons aujourd'hui. La première pluie était destinée aux semailles; la pluie de l'arrière-saison est destinée à la moisson. Le Saint-Esprit prépare l'Église à une moisson abondante, équipant les croyants pour accomplir le mandat du Christ.

Pasteure Dr. Claudine Benjamin

Il y a un peu plus d'un siècle, les croyants remplis de l'Esprit étaient peu nombreux, dispersés dans de petites zones à travers le monde. Aujourd'hui, les démographes estiment que plus de 600 millions de personnes témoignent être remplies de l'Esprit. Une armée de cette taille, animée par l'Esprit, a un potentiel illimité. Mais le temps presse.

L'Urgence de la Récolte

Il y a quelques années, lors d'une visite dans le Midwest américain, j'ai tenu des réunions pendant la saison des récoltes de blé. La participation étant moins importante que prévu, j'ai demandé à un ami pourquoi si peu de gens étaient venus.

«C'est le temps des récoltes», a-t-il expliqué.

Après le service, il m'a emmené dehors où j'ai vu des tracteurs se déplacer à travers les vastes plaines, leurs lumières brillant dans l'obscurité.

«Nous utilisons ces tracteurs 24 heures sur 24», m'a-t-il dit. *«Nous mangeons dans les champs. Quand quelqu'un est trop épuisé pour conduire, un autre prend sa place. Il faut récolter le blé maintenant. Dans quelques jours, le vent froid va arriver, le sol va geler et le blé va rouiller. Si nous attendons trop longtemps, la récolte sera perdue.»*

Puis il désigna une maison au loin: *«Bientôt, la neige arrivera jusqu'aux avant-toits. Quand ce sera le cas, ce sera fini.»*

Ces agriculteurs comprenaient l'urgence. Ils connaissaient le prix du retard.

L'Appel à l'Action du Saint-Esprit

Le Saint-Esprit, qui connaît la pensée du Christ, inspire à son peuple la même compassion que Jésus ressentait à la vue des multitudes – des brebis sans berger. Cette compassion le poussa à agir.

Aujourd'hui, le Saint-Esprit réveille l'Église avec la même urgence. Le temps de la moisson est arrivé. N'attendons pas. La nuit approche, et bientôt, cette occasion sera révolue.

Chapitre 3

Aimez-Les dans le Royaume

L'amour est l'un des outils les plus puissants et efficaces pour gagner des âmes au royaume de Dieu. Sans un amour sincère pour les autres, nos efforts seront mécaniques et inefficaces.

Nous pouvons connaître la bonne approche, les bons mots et les bons passages bibliques à partager, mais sans amour, nos paroles manqueront d'impact. Une âme perdue ne sera pas touchée par la simple connaissance ou la technique; c'est l'amour qui touche le cœur et ouvre la voie à la transformation.

Pour véritablement atteindre les perdus, nous devons porter le même amour que le Christ pour eux – un amour qui voit au-delà du péché et de la souffrance et nous pousse à agir. Si nous aimons comme Il aime, nos paroles porteront la puissance du Saint-Esprit et des vies seront transformées.

Comme Paul, nous devrions porter dans nos cœurs une « grande tristesse et une douleur incessante » pour ceux qui ne sont pas sauvés. Lorsque ce fardeau nous étreint, nos paroles et nos actes refléteront une profonde sincérité que même les indifférents ne pourront ignorer.

Un véritable amour pour les âmes nous rend constamment attentifs aux occasions d'atteindre les perdus. Nous les trouverons dans la rue, dans les magasins, à la maison, à l'église, à l'école – des lieux que nous aurions autrement négligés. L'amour aiguise notre vision et nous pousse à agir.

Mais comment développer un tel amour pour les âmes? Comme toute grâce dans la vie chrétienne, c'est l'œuvre du Saint-Esprit. Si nous reconnaissons que notre amour pour les perdus nous fait défaut, nous devons humblement le confesser à Dieu. Nous devons lui demander, par son Esprit, de remplir nos cœurs de son amour pour les autres. Lorsque nous demandons, nous devons nous attendre à sa réponse, car son désir est que nul ne périsse.

1 Jean 5:14-15 nous encourage à rechercher l'aide du Saint-Esprit: *«Et nous avons auprès de lui cette assurance, que si nous demandons quelque chose selon sa volonté, Il nous écoute. Et si nous savons qu'Il nous écoute, quelque chose que nous demandions, nous savons que nous possédons la chose que nous lui avons demandée.»*

Jésus-Christ a manifesté un amour intense pour les âmes. Dans Matthieu 23:37, nous voyons sa profonde tristesse pour Jérusalem: *«Jérusalem, Jérusalem, toi qui tues les prophètes et qui lapides ceux qui te sont envoyés, combien de fois ai-je voulu rassembler tes enfants, comme une poule rassemble ses poussins sous ses ailes, et vous ne l'avez pas voulu!»*

L'urgence de gagner des âmes

Cet amour profond pour les perdus était au cœur de la mission du Christ. C'était la raison même de sa venue sur terre: racheter l'humanité perdue. Et ce n'est que par une compagnie constante avec le Christ que nous aussi recevons ce même fardeau pour les âmes. En marchant étroitement avec lui, il nous transmet son cœur, nous remplissant du même amour et de la même urgence qui ont défini sa vie et son sacrifice. Les sentiments naissent de nos pensées. Si nous désirons qu'un sentiment particulier grandisse dans notre vie, comme la passion de gagner des âmes, nous devons nous attarder sur les pensées qui le nourrissent.

Tout croyant qui prend le temps de considérer profondément le danger et la misère d'une âme séparée du Christ commencera à saisir l'immense valeur de cette âme aux yeux de Dieu. Méditer sur l'amour dont Dieu a fait preuve en offrant son Fils pour racheter les perdus suscitera naturellement un intense désir de salut pour eux.

De même, lorsque nous réfléchissons à notre ancienne condition – notre état perdu et désespéré sans Christ – et au grand sacrifice qu'il a consenti pour nous sauver, notre cœur sera rempli du désir de conduire les autres au Sauveur que nous avons trouvé. Nous sommes tous appelés à vivre le Grand Commandement: aimer Dieu de tout notre cœur, de toute notre âme, de tout notre esprit et de toutes nos forces, et aimer notre prochain comme nous-mêmes.

«Nous l'aimons parce qu'il nous a aimés le premier.» (1 Jean 4:19).

En demeurant dans l'amour de Yeshua, son amour nous traverse, nous permettant d'aimer les autres, y compris nos ennemis. Ce n'est que par son amour que nous pouvons véritablement accomplir cette vocation, reflétant son cœur au monde qui nous entoure.

Chapitre 4

Gagner des Âmes dans la famille

Quand Jésus a donné l'ordre d'aller prêcher l'Évangile dans le monde entier, il n'a pas exclu nos propres foyers. L'urgence de gagner des âmes doit commencer par ceux qui nous connaissent le mieux: nos familles. Avant de pouvoir atteindre efficacement des inconnus, nous devons d'abord nous adresser à ceux qui sont à nos tables, qui partagent notre ADN et qui portent notre nom de famille.

Il n'y a pas de plus grand chagrin que de savoir que ses proches sont perdus. Il n'y a pas de plus grande joie que de les voir venir à Christ. La famille est le fondement de la société, et lorsque nos familles sont gagnées à Christ, nous renforçons le Corps du Christ et assurons un héritage générationnel.

La Famille: Notre Premier Champ de Mission

Jésus dit à l'homme délivré des démons dans Luc 8:39a: *«Retourne dans ta maison, et raconte tout ce que Dieu t'a fait.»* C'est là que le témoignage commence: à la maison.

Pasteure Dr. Claudine Benjamin

Lorsque vous êtes véritablement transformé par l'Évangile, votre famille le remarquera. Elle ne réagira peut-être pas toujours comme vous l'espérez, mais votre vie devient le sermon qu'elle ne peut s'empêcher d'entendre.

Exemples Bibliques de Salut Familial

1. Noé (voir Genèse 7:1)

Dieu dit à Noé: *«Entre dans l'arche, toi et toute ta maison; car je t'ai vu juste devant moi parmi cette génération.»* L'obéissance de Noé à Dieu conduisit au salut de toute sa famille.

2. Lot (voir Genèse 19:12-14)

Lot fut averti du jugement et exhorté à libérer sa famille. Bien que certains aient hésité ou rejeté l'avertissement, il avait la responsabilité de les atteindre. Il intercéda, plaida et obéit à la direction de Dieu pour sauver le plus de personnes possibles.

3. Corneille (voir Actes 10:24, 44)

Corneille rassembla toute sa maisonnée pour écouter le message de Pierre. Pendant que la Parole était prêchée, le Saint-Esprit descendit sur chacun dans la maison, démontrant ainsi que le renouveau familial est possible!

4. Le Geôlier Philippien (voir Actes 16:31-34)

Paul et Silas déclarèrent: *«Crois au Seigneur Jésus-Christ, et tu seras sauvé, toi et ta famille.»* Cette nuit-là même, le geôlier et toute sa famille furent baptisés. La rencontre d'un homme avec le Christ transforma complètement son foyer.

Pourquoi gagner l'âme de la famille est crucial

- **Responsabilité:** En tant que croyants, nous sommes responsables de partager l'Évangile avec nos proches.

- **Influence:** Nos familles sont témoins de notre caractère, de notre mode de vie et de notre réaction face aux épreuves. Cette influence est puissante.

- **Opportunité:** Nous avons souvent plus accès à notre famille que quiconque. Utilisez cet accès avec sagesse et dans la prière.

- **Héritage:** Lorsque vous gagnez un membre de votre famille, vous ouvrez souvent la porte à d'autres pour qu'ils viennent également à Christ.

Quand c'est Difficile

Il peut être douloureux que votre propre famille rejette votre foi. Jésus a dit dans Matthieu 13:57: *«Un prophète n'est méprisé que dans sa patrie et dans sa maison.»* Ne vous découragez pas. Continuez à semer. Continuez à prier. Votre témoignage n'est pas vain.

Parfois, ce ne sont pas vos paroles qui les convaincront, mais votre démarche. Laissez parler vos actes. Restez cohérent. Montrez-leur votre paix, votre joie, votre amour et votre persévérance. L'Évangile vécu est souvent plus puissant que l'Évangile prêché.

Ce que vous pouvez faire

1. **Priez quotidiennement et stratégiquement.** Ne vous contentez pas de dire: *«Seigneur, sauve-les»,* mais priez spécifiquement. Demandez à Dieu de leur ôter leurs œillères spirituelles, d'envoyer des ouvriers et d'adoucir leur cœur.

2. **Vivez avec intégrité.** Soyez la même personne à la maison qu'à l'église. L'hypocrisie rebute les gens; l'authenticité les attire.

3. **Partagez quand on vous le demande.** Ne forcez pas. Soyez réceptif au Saint-Esprit. Parfois, un témoignage ou un passage biblique bien placé peut ouvrir une porte.

4. **Jeûner pour une percée.** Le jeûne renforce vos prières. Il vous harmonise avec la volonté de Dieu et vous apporte clarté et percée.

5. **Refusez d'abandonner.** N'arrêtez pas de prier. N'arrêtez pas d'aimer. N'arrêtez pas de croire.

Réflexion

- Qui dans votre famille a encore besoin d'être sauvé?
- Quels obstacles les empêchent de venir à Christ?
- Que pouvez-vous faire cette semaine pour partager l'amour de Dieu avec eux?

L'urgence de gagner des âmes

Actes 16:31 déclare: *«Crois au Seigneur Jésus-Christ, et tu seras sauvé, toi et ta famille.»* Cette promesse est à la fois un réconfort et un appel. Elle nous pousse à nous tenir à la brèche pour nos familles, à prier avec ferveur, à témoigner avec audace et à vivre dans la justice devant elles.

Trop souvent, nous négligeons les besoins spirituels de nos proches à cause de la familiarité ou de relations tendues. Mais l'amour exige de la persévérance. L'amour du Christ devrait nous pousser à continuer d'intercéder, de partager et de vivre comme une lumière au milieu des ténèbres.

Pourquoi la Famille d'Abord?

- **Responsabilité de l'alliance:** Nous sommes les intendants de nos maisons (voir Josué 24:15).

- **Influence et accès:** Nous avons des occasions quotidiennes de démontrer l'Évangile en paroles et en actes.

- **Héritage et impact générationnel:** gagner des âmes au sein de la famille pose les bases pour les générations futures.

Étapes Pratiques

1. **Vivez l'Évangile:** Laissez votre vie prêcher plus fort que vos paroles.

2. **Priez stratégiquement:** Appelez chaque membre de la famille par son nom. Demandez à Dieu des stratégies spécifiques pour les atteindre.

3. **Dites la vérité avec amour:** évitez les disputes, plantez des graines et faites confiance au Saint-Esprit pour les arroser.

4. **Créez une atmosphère spirituelle:** remplissez votre maison de louanges, de la Parole et de témoignages.

5. **Jeûne pour percer:** Certaines forteresses spirituelles ne peuvent être brisées que par le jeûne et la prière (voir Matthieu 17:21).

N'abandonnez pas s'ils vous rejettent; rappelez-vous qu'ils ont d'abord rejeté Christ. Restez fidèle. Même si vous ne constatez pas de changement immédiat, sachez que votre travail n'est pas vain. Les graines que vous plantez porteront leurs fruits en temps voulu.

Chapitre 5

Gagner des âmes sur le lieu de travail

L e monde du travail est l'un des champs de mission le plus négligé de l'Église moderne. Les chrétiens séparent souvent leur vie spirituelle de leur vie professionnelle, ignorant que Dieu les a peut-être placés stratégiquement à ce poste pour un but plus élevé: être témoins.

Votre travail n'est pas seulement une source de revenus: c'est une mission divine. Des âmes se perdent dans la rue, les salles de réunion, les salles de pause et les couloirs de bureaux. Chaque croyant devrait considérer son lieu de travail comme une occasion de semer les graines du salut.

Le Champ de Mission dans Lequel Vous Pointez

Jésus a dit dans Matthieu 5:14-16: *«Vous êtes la lumière du monde. Une ville située sur une montagne ne peut être cachée ... Que votre lumière brille ainsi devant les hommes, afin qu'ils voient vos bonnes œuvres et glorifient votre Père qui est dans les cieux.»*

Vous n'avez peut-être pas le droit de prêcher au travail, mais votre vie est un sermon. Votre attitude, votre éthique de travail, votre compassion et votre intégrité sont des valeurs qui en disent bien plus. Dans de nombreux milieux de travail, vous pourriez être la seule Bible que certains liront.

Surmonter la Peur et les Limites

Oui, il existe des restrictions dans les milieux professionnels, et la sagesse doit être exercée. Cependant, être sage ne signifie pas se taire. Nul besoin de chaire; il faut être sensible au Saint-Esprit.

Voici quelques façons de témoigner avec sagesse au travail:

1. **Établissez des relations authentiques** – L'évangélisation commence par la connexion. Montrez aux gens que vous vous souciez d'eux.

2. **Soyez cohérent** – Faites preuve d'intégrité, d'humilité et d'excellence dans votre travail. Cela vous inspirera confiance et respect.

3. **Priez pour vos collègues** – L'intercession est une arme secrète. Demandez à Dieu d'ouvrir les portes et de préparer les cœurs.

4. **Recherchez des ouvertures naturelles** – Les gens parlent souvent ouvertement de leurs difficultés personnelles. Encouragez-les et soyez prêt à partager votre foi.

5. **Proposez de prier** – Quand quelqu'un est malade, stressé ou blessé, proposez simplement: *«Puis-je prier avec vous?»* C'est souvent bien accueilli et cela ouvre la porte à l'Évangile.

Un Témoin en Paroles et en Actes

Colossiens 3:23 nous rappelle: *«Et tout ce que vous faites, faites-le de bon cœur, comme pour le Seigneur et non pour des hommes.»*

En travaillant pour le Seigneur, vous reflétez le Christ. En honorant les dirigeants, en tenant parole, en évitant les commérages et en restant joyeux sous la pression, les gens le remarquent. Ces moments deviennent des portes ouvertes au témoignage.

Paul était fabricant de tentes, Lydie était femme d'affaires et Daniel travaillait au gouvernement. Dieu a utilisé chacun d'eux dans sa vocation. Votre lieu de travail est important pour le royaume.

Plantation, Arrosage et Récolte

Vous n'amènerez peut-être pas votre collègue à Christ dès le premier entretien, mais vous serez peut-être celui qui plantera la graine. Un autre l'arrosera. Et, au temps fixé par Dieu, quelqu'un récoltera la moisson (voir 1 Corinthiens 3:6-7).

Soyez fidèles. Soyez pieux. Soyez audacieux. Des âmes sont en jeu, même au travail.

Section de Réflexion

Questions de réflexion personnelle

1. Considérez-vous votre travail comme une mission spirituelle ou simplement comme un chèque de paie?

2. Comment votre caractère et votre éthique de travail reflètent-ils le Christ auprès de vos collègues?

3. Qui, dans votre milieu de travail, traverse peut-être une période difficile et a besoin d'espoir?

4. Avez-vous demandé à Dieu des occasions de témoigner au travail?

5. De quelles peurs devez-vous vous débarrasser pour être un témoin courageux?

Étape d'action

Identifiez une personne sur votre lieu de travail et commencez à prier quotidiennement pour son salut. Cherchez une occasion de semer une graine – par la gentillesse, la conversation ou un témoignage.

Liste de références bibliques: Gagner des âmes sur le lieu de travail

- Matthieu 5:14–16 – Que votre lumière brille devant les autres.
- Colossiens 3:23 – Travaillez comme pour le Seigneur.
- 1 Corinthiens 3:6–7 – Planter, arroser et récolter.
- Romains 1:16 – N'ayez pas honte de l'Évangile.
- Ecclésiaste 9:10 – Fais ton travail de toutes tes forces.
- Daniel 6:3–5 – L'excellent esprit de Daniel sur le lieu de travail.
- Actes 16:14 – Lydie, une femme d'affaires utilisée par Dieu.
- Proverbes 11:30 – Celui qui gagne les âmes est sage.

Chapitre 6

Comment Puis-Je Commencer En Tant Que Gagneur d'Âmes?

La première question que beaucoup se posent est : «Comment commencer?» La réponse est simple: il suffit de commencer. Quelle que soit la personne, engager une conversation sur la foi avec elle est plus facile qu'il n'y paraît.

Un bon point de départ est de demander à la personne si elle est chrétienne ou de lui poser une question directe mais douce, comme: «Êtes-vous sauvé?» ou «Entretenez-vous une relation personnelle avec Dieu?» Même avec un parfait inconnu, il est facile d'orienter la conversation vers des sujets spirituels. Une discussion informelle sur l'actualité ou des expériences partagées peut naturellement mener à des sujets plus profonds. Jésus l'a magnifiquement démontré dans sa conversation avec la Samaritaine en Jean 4, commençant par une simple demande d'eau avant de révéler de profondes vérités spirituelles.

Parfois, la meilleure approche est d'aborder le sujet immédiatement. Une question directe mais courtoise – «Êtes-vous chrétien?» ou «Avez-vous déjà réfléchi à votre position vis-à-vis de Dieu?» – peut susciter la réflexion, même chez ceux qui semblent indifférents. Les gens réagissent souvent plus ouvertement que prévu lorsqu'on les aborde avec sincérité et humilité. En fait, il est remarquable de constater combien souvent ceux qui se fient à la direction de Dieu trouvent un cœur déjà préparé au message – et combien rarement ils sont confrontés au rejet.

Cependant, dans bien des cas, il est sage de commencer par établir une relation. Gagner la confiance et l'amitié de quelqu'un peut ouvrir la voie à la proclamation de l'Évangile. Choisissez quelqu'un pour qui prier, cultivez une relation bienveillante et posez la question la plus importante au moment opportun: «Aimeriez-vous connaître Christ personnellement?»

Un tract judicieusement choisi, déposé entre les mains de quelqu'un, peut souvent servir d'amorce naturelle à une conversation spirituelle. Vous rencontrerez souvent des personnes dont le visage trahit le malheur ou le mécontentement. Dans ces moments-là, une simple question – «Êtes-vous heureux?» – peut ouvrir la porte à une discussion plus approfondie. Si la réponse est négative, vous pouvez répondre gentiment: «Je connais quelqu'un qui peut vous apporter le vrai bonheur si vous êtes prêt à l'accueillir.»

La capacité à engager ces conversations se développera avec la pratique. Au début, vous pourriez vous sentir gêné ou incertain, mais avec le temps et l'expérience, cela deviendra plus facile et naturel.

Déterminer Où Ils Se Trouvent

Une fois la conversation engagée, la première étape consiste à comprendre la position spirituelle de la personne. Cela vous aidera

L'urgence de gagner des âmes

à répondre avec sagesse et pertinence à ses besoins. Les chapitres suivants exploreront différents types de personnes que vous pourriez rencontrer, mais voici quelques questions clés pour guider votre conversation:

- Êtes-vous sauvé?
- Êtes-vous chrétien?
- Savez-vous que vos péchés peuvent être pardonnés?
- Savez-vous que vous pouvez avoir la vie éternelle?
- Confessez-vous ouvertement le Christ devant le monde?
- Êtes-vous né de nouveau?

Même si certains peuvent répondre à ces questions de manière mensongère, par ignorance ou par désir d'induire en erreur, leurs réponses peuvent néanmoins vous éclairer. Leurs réponses en disent souvent long sur leur compréhension et leur état spirituel.

Par-dessus tout, soyez ouverts à la direction du Saint-Esprit. Si nous nous appuyons sur lui, il révélera souvent la condition spirituelle d'une personne et nous guidera vers les passages bibliques qu'elle a besoin d'entendre.

Une fois que nous comprenons la situation de chacun, l'étape suivante consiste à l'amener à accepter Jésus-Christ comme son Sauveur et Seigneur personnel. Il est important de se rappeler que notre objectif principal n'est pas de le persuader de rejoindre une église, de changer ses habitudes ou d'adopter un nouveau mode de vie. Notre mission est plutôt de l'aider à rencontrer Jésus-Christ, celui qui a porté ses péchés dans son corps sur la croix. Par lui, il peut recevoir le pardon et le salut immédiats.

Accepter le Christ signifie plus que simplement croire en lui; c'est s'abandonner à Lui. Il doit devenir leur Maître, guider leurs pensées, leurs sentiments, leurs objectifs et leurs actions. La véritable transformation commence par cet abandon, et le Saint-Esprit achèvera son œuvre dans leur vie.

Après avoir amené quelqu'un à accepter Christ, l'étape cruciale suivante consiste à lui montrer, par la Parole de Dieu, qu'il a reçu le pardon des péchés et la vie éternelle. L'Écriture nous en donne une claire assurance:

Actes 10:43 – «Tous les prophètes rendent de Lui le témoignage que quiconque croit en Lui reçoit par son nom la rémission des péchés.»

Jean 3:36 – «Celui qui croit au Fils a la vie éternelle; celui qui ne croit pas au Fils ne verra point la vie, mais la colère de Dieu demeure sur lui.»

Il est essentiel d'ancrer les nouveaux croyants dans ces promesses bibliques afin qu'ils puissent rester fermes dans leur foi.

De plus, ils ont besoin d'être guidés pour grandir et réussir dans leur nouvelle vie chrétienne. Les encourager à lire et à mettre en pratique la Parole de Dieu, à prier quotidiennement et à rechercher la communion avec d'autres croyants les aidera à rester forts dans leur marche avec Christ.

Par-dessus tout, chaque étape menant quelqu'un à Christ doit être ancrée dans les Écritures. La Parole de Dieu est le fondement du véritable salut et de la formation de disciple.

Chapitre 7

✝

Cœur Ouvert

Beaucoup de gens sont prêts à donner leur vie au Seigneur, mais ne savent pas comment. Les aider à trouver le chemin vers le Christ n'est pas difficile si nous les guidons avec les Écritures.

Ésaïe 53:6 révèle clairement le chemin du salut: *«Nous étions tous errants comme des brebis, chacun suivait sa propre voie.»*

Demandez à la personne: «Est-ce votre cas? Comme une brebis égarée, avez-vous suivi votre propre chemin?» Si elle le reconnaît dans sa propre vie, vous avez l'occasion de lui montrer la solution de Dieu.

Ensuite, attirez leur attention sur ce que Dieu a fait de leurs péchés. Lisez la suite du verset: *«Et l'Éternel a fait retomber sur lui l'iniquité de nous tous.»*

Puis demandez-vous: «Qu'est-ce que cela signifie pour vous? Que devez-vous faire pour être sauvé?»

Après avoir lu le verset, vous pouvez demander à la personne à qui vous témoignez: «Dieu donne-t-il le pouvoir de devenir enfant de Dieu?» «Que dois-tu faire pour devenir enfant de Dieu?» «Le recevoir.» «Le recevras-tu comme ton Sauveur et Maître maintenant?»

Ésaïe 55:7 et Jean 3:16 sont également des versets puissants qui expliquent clairement la voie du salut.

Ésaïe 55:7 déclare: *«Que le méchant abandonne sa voie, et l'homme d'iniquité ses pensées; et qu'il retourne à l'Éternel, qui aura pitié de lui, à notre Dieu, qui ne tarit pas d'éloges.»*

Jean 3:16 exprime clairement l'amour de Dieu et la promesse du salut: *«Car Dieu a tant aimé le monde qu'il a donné son Fils unique, afin que quiconque croit en lui ne périsse point, mais qu'il ait la vie éternelle.»*

On peut faire une comparaison frappante avec Nombres 21:8-9, qui illustre la simplicité de la foi et du salut: *«L'Éternel dit à Moïse: Fais-toi un serpent brûlant, et place-le sur une perche. Quiconque sera mordu et le regardera conservera la vie. Moïse fit un serpent d'airain, et le plaça sur une perche; et quiconque avait été mordu par un serpent, et regardait le serpent d'airain, conservait la vie.»*

Tout comme les Israélites ont été guéris en regardant le serpent de bronze avec foi, nous devons également nous tourner vers le Christ pour le salut.

Un autre excellent verset à utiliser pour témoigner est Romains 1:16: *«Car je n'ai point honte de l'Évangile: c'est une puissance de*

Dieu pour le salut de quiconque croit, du Juif premièrement, puis du Grec.»

Ce verset souligne la puissance de l'Évangile et son accès à tous ceux qui croient. Vous pourriez demander à la personne qui vous interroge: *«Selon ce verset, à qui l'auteur fait-il référence?»* La réponse est: *«Quiconque croit.»* Puis, demandez: *«Que faut-il donc pour être sauvé?»* La réponse est simple: *«Croire.»* Ensuite, demandez: *«Croire quoi?»* La réponse est: *«L'Évangile.»*

1 Corinthiens 15:3-4 fournit la réponse: *«Je vous ai enseigné avant tout, comme je l'avais aussi reçu, que Christ est mort pour nos péchés, selon les Écritures; qu'il a été enseveli, et qu'il est ressuscité le troisième jour, selon les Écritures.»*

Ces versets montrent clairement que Christ est mort pour nos péchés, a été enseveli et est ressuscité le troisième jour. C'est ce qu'il faut croire pour être sauvé. Le salut vient de la foi profonde que Christ est mort pour nos péchés et qu'il est ressuscité des morts.

Lors du témoignage, demandez: *«Croyez-vous que Christ est mort pour vos péchés?»* et *«Croyez-vous qu'il est ressuscité?»* Si la personne répond *«Oui»*, poursuivez avec: *«Voulez-vous, par la foi, demander à Dieu de vous pardonner de vos péchés à cause de Christ?»*

Romains 10:13 nous assure de cette promesse: *«Car quiconque invoquera le nom du Seigneur sera sauvé.»* Ce verset est clair: le salut est accessible à quiconque invoque le Seigneur. Maintenant, vous pouvez vous poser la question la plus importante: *« Êtes-vous*

Pasteure Dr. Claudine Benjamin

prêt à invoquer le Seigneur pour le salut et à croire qu'il vous sauve comme il le promet?»

La voie du salut est également clairement indiquée dans Exode 12:7, 13 et 23, qui préfigure le sacrifice du Christ.

Exode 12:7: «On prendra de son sang, et on en mettra sur les deux poteaux et sur le linteau de la porte des maisons où on le mangera.»

Exode 12:13, «Le sang vous servira de signe sur les maisons où vous serez; je verrai le sang, et je passerai par-dessus vous, et il n'y aura point de plaie qui vous détruise, quand je frapperai le pays d'Égypte.»

Exode 12:23, *«Quand l'Éternel passera pour frapper l'Égypte, et verra le sang sur le linteau et sur les deux poteaux, l'Éternel passera par-dessus la porte, et il ne permettra pas au destructeur d'entrer dans vos maisons pour frapper.»*

Tout comme les Israélites furent épargnés du jugement par le sang de l'agneau sur leurs poteaux, nous sommes sauvés du jugement de Dieu par le sang du Christ. Son sacrifice est l'accomplissement ultime de cette promesse pascale: lorsque Dieu voit le sang de Jésus appliqué à nos vies, par la foi, il nous accorde le salut et pardonne nos péchés.

Ces versets montrent que c'est le sang qui a sauvé les Israélites. Il en va de même aujourd'hui: le sang versé de Jésus nous sauve. Quand Dieu voit le sang, il passe par-dessus nous, nous épargnant du jugement. La seule chose que nous devons faire est de nous mettre sous le sang.

Pour aider la personne qui pose la question à comprendre cela, expliquez-lui que le moyen d'être sous le sang est par la foi en Jésus-Christ et en son sang versé au Calvaire.

Une Illustration Puissante: Le Pharisien Et Le Publicain

Un autre passage important des Écritures révèle ce qu'une personne peut avoir et être néanmoins perdue (comme le pharisien) et ce dont une personne peut manquer et être néanmoins sauvée (comme le publicain).

Luc 18:10-13, «Deux hommes montèrent au temple pour prier; l'un était pharisien, et l'autre publicain. Le pharisien, debout, priait ainsi en lui-même: O Dieu, je te rends grâces de ce que je ne suis pas comme le reste des hommes, qui sont ravisseurs, injustes, adultères, ou même comme ce publicain; je jeûne deux fois la semaine, je donne la dîme de tous mes revenus. Le publicain, se tenant à distance, n'osait même pas lever les yeux au ciel; mais il se frappait la poitrine, en disant: O Dieu, sois apaisé envers moi, qui suis un pécheur.»

Ce passage soulève un point crucial: le salut ne dépend pas de nos actions, mais de la reconnaissance de notre besoin de la miséricorde divine. Le pharisien avait confiance en sa propre justice, mais le publicain reconnaissait humblement son péché et implorait la miséricorde de Dieu.

Luc 18:14 conclut la parabole par une vérité puissante: *«Je vous le dis, celui-ci descendit dans sa maison justifié, plutôt que l'autre. Car quiconque s'élève sera abaissé, et celui qui s'abaisse sera élevé.»*

Pasteure Dr. Claudine Benjamin

Tout comme le publicain, chacun doit reconnaître son péché et implorer la miséricorde de Dieu. Ce faisant, il rentrera chez lui justifié, pardonné et rendu juste devant Dieu.

Si vous témoignez à quelqu'un, demandez-lui: *«Ferez-vous comme le publicain? Reconnaîtrez-vous votre besoin de miséricorde et invoquerez-vous Dieu ici et maintenant?»*

Lorsqu'ils le font, poursuivez en disant: *«Croyez-vous à la Parole de Dieu selon laquelle vous êtes maintenant justifié?»*

Une Autre Illustration de la Foi Salvatrice

La foi qui sauve est magnifiquement illustrée dans Luc 7:45-50: *«Tu ne m'as point donné de baiser; mais elle, depuis que je suis entré, elle n'a point cessé de me baiser les pieds. Tu n'as point versé d'huile sur ma tête; mais elle, elle a versé du parfum sur mes pieds. C'est pourquoi, je te le dis, ses nombreux péchés ont été pardonnés: car elle a beaucoup aimé. Mais celui à qui on pardonne peu aime peu. Et il dit à la femme: Tes péchés sont pardonnés. Ceux qui étaient à table avec lui se mirent à dire en eux-mêmes: Qui est celui-ci, qui pardonne même les péchés? Mais Jésus dit à la femme: Ta foi t'a sauvée, va en paix.»*

Luc 7:50 nous dit que cette femme avait une «foi salvatrice». Elle croyait que Jésus pouvait et pardonnerait ses péchés si elle venait à lui avec foi. Voilà ce qu'est la foi salvatrice: faire confiance à Christ seul pour le salut.

Galates 3:10-13 explique également clairement la voie du salut. Le verset 10 décrit la situation du pécheur avant d'accepter Christ: sous la malédiction de la loi. Le verset 13 révèle ce que Christ a fait: il a pris cette malédiction sur lui. La seule chose qu'un pécheur doit faire est d'accepter Christ.

Galates 3:10-13, *«Car tous ceux qui s'attachent aux œuvres de la loi sont sous la malédiction; car il est écrit: Maudit est quiconque n'observe pas tout ce qui est écrit dans le livre de la loi, et ne le met pas en pratique. Et que nul ne soit justifié devant Dieu par la loi, cela est évident, puisqu'il est dit: Le juste vivra par la foi. Or, la loi ne procède pas de la foi; mais elle dit: Celui qui mettra ces choses en pratique vivra par elles. Christ nous a rachetés de la malédiction de la loi, étant devenu malédiction pour nous-car il est écrit: Maudit est quiconque est pendu au bois,»*

Par le sacrifice du Christ, nous sommes rachetés. Nous ne sommes plus sous la malédiction de la loi, mais justifiés par la foi seule.

Chapitre 8

Ceux Qui Rencontrent Des Difficultés

« Je suis un Grand Pécheur »

Tout le monde désire être sauvé et comprendre comment, mais il rencontre des obstacles qui l'empêchent de prendre cette décision. L'une des difficultés les plus courantes que j'ai rencontrées lors de mes témoignages est la conviction d'être un très grand pécheur, d'avoir trop péché et de ne plus pouvoir revenir en arrière.

1 Timothée 1:15 répond pleinement à cette objection: *«Cette parole est certaine et entièrement digne d'être reçue, que Jésus-Christ est venu dans le monde pour sauver les pécheurs, dont je suis le premier.»*

Luc 19:10 est un autre passage puissant à partager dans cette situation. Vous pouvez dire: *«J'ai un passage spécialement destiné à toi. Si tu penses vraiment ce que tu dis, alors tu es exactement la personne que Jésus recherche.»*

Pasteure Dr. Claudine Benjamin

«Car le Fils de l'homme est venu chercher et sauver ce qui était perdu.» (Luc 19:10).

Romains 5:6-8 et Matthieu 9:12-13 sont également des versets efficaces pour souligner l'amour et le dessein de Dieu pour les pécheurs.

Romains 5:6-8: «Car, lorsque nous étions encore sans force, Christ, au temps marqué, est mort pour des impies. A peine mourrait-on pour un juste; quelqu'un peut-être mourrait-il pour un homme de bien. Mais Dieu prouve son amour envers nous, en ce que, lorsque nous étions encore des pécheurs, Christ est mort pour nous.»

Matthieu 9:12-13: «Ce que Jésus ayant entendu, il dit: Ce ne sont pas ceux qui se portent bien qui ont besoin de médecin, mais les malades. Allez, et apprenez ce que signifie: Je prends plaisir à la miséricorde, et non aux sacrifices. Car je ne suis pas venu appeler des justes, mais des pécheurs.»

Ces versets le montrent clairement: nul n'est trop pécheur pour que Christ puisse le sauver. En fait, il est venu spécifiquement pour ceux qui reconnaissent leur besoin de lui.

Romains 10:13 et Jean 3:16 mettent tous deux l'accent sur le mot «quiconque», soulignant que l'offre du salut est ouverte à tous, quels que soient leurs antécédents ou leurs actions passées.

Pour ceux qui ont commis des péchés terribles et croient qu'ils ne pourront jamais être pardonnés, Ésaïe 1:18, 1 Jean 4:14 et Psaume 51:14 sont des passages particulièrement puissants à partager.

Ésaïe 1:18 «Venez maintenant, et plaidons! dit l'Éternel. Si vos péchés sont comme le cramoisi, ils deviendront blancs comme la neige; s'ils sont rouges comme la pourpre, ils deviendront comme la laine.»

1 Jean 4:14, «Et nous, nous avons vu et nous témoignons que le Père a envoyé le Fils comme Sauveur du monde.»

Psaume 51:14: «Délivre-moi du sang versé, ô Dieu, Dieu de mon salut! Et ma langue chantera ta justice.»

Ces versets nous offrent l'assurance indéniable qu'aucun péché n'est trop grand pour la miséricorde de Dieu. Il invite chacun à venir à lui, même s'il se sent brisé ou indigne.

Reconnaissez plutôt qu'ils sont plus graves qu'ils ne le pensent. Cependant, la bonne nouvelle est que chacun d'entre eux a déjà été réglé par la mort sacrificielle, l'ensevelissement et la résurrection de Jésus-Christ.

Deux passages bibliques puissants qui renforcent cette vérité sont:

- *Ésaïe 53:6 «Nous étions tous errants comme des brebis, chacun suivait sa propre voie; et l'Éternel a fait retomber sur lui l'iniquité de nous tous.»*

- *1 Pierre 2:24, «L'homme qui a porté lui-même nos péchés en son corps sur le bois, afin que morts aux péchés nous vivions pour la justice; lui par les meurtrissures duquel vous avez été guéris.»*

Ces versets nous rappellent que, malgré la gravité de nos péchés, le sacrifice du Christ est plus grand. Il a déjà porté le fardeau de nos iniquités, offrant un pardon complet et une vie nouvelle à tous ceux qui placent leur confiance en lui.

Échec

Une autre difficulté courante est la peur de l'échec. Beaucoup disent: *«J'ai peur de ne pas tenir bon.»* Cependant, 1 Pierre 1:5 nous rassure: nous ne nous maintenons pas dans la foi, mais c'est Dieu qui nous garde: *«Vous qui êtes gardés par la puissance de Dieu par la foi pour le salut prêt à être révélé dans les derniers temps.»*

De même, Jean 10:28-29 montre que la sécurité d'un croyant ne dépend pas de sa propre force, mais de la puissance protectrice du Père et du Fils: *«Je leur donne la vie éternelle; et elles ne périront jamais, et personne ne les ravira de ma main. Mon Père, qui me les a données, est plus grand que tous, et personne ne peut les ravir de la main de mon Père.»*

2 Timothée 1:12 souligne en outre que c'est la responsabilité du Christ, et non la nôtre, de garder ce qui lui a été confié: *«Et c'est à cause de cela que je souffre ces choses; mais j'en ai point honte, car je sais en qui j'ai cru, et je suis persuadé qu'il a la puissance de garder mon dépôt jusqu'à ce jour-là.»*

D'autres passages encourageants, comme Ésaïe 41:10-13, 2 Chroniques 32:7-8 et Romains 14:4,11, nous rappellent d'être forts et courageux, car Dieu est avec nous et mène nos combats. Lorsque les personnages de la Bible entendaient ces paroles, ils se reposaient sur la promesse de la protection divine.

Pour ceux qui craignent que la tentation ne les fasse échouer, 1 Corinthiens 10:13 est un puissant rappel de la fidélité de Dieu: *«Aucune tentation ne vous est survenue qui n'ait été humaine; et Dieu, qui est fidèle, ne permettra pas que vous soyez tentés au-delà de vos forces; mais avec la tentation il préparera aussi le moyen d'en sortir, afin que vous puissiez la supporter.»*

Le message est clair: notre sécurité ne repose pas sur nous-mêmes, mais sur la puissance de Dieu. Il est fidèle pour nous garder, nous fortifier et nous guider à travers chaque épreuve. Comme le peuple de Juda qui s'est «reposé» sur la promesse de Dieu, nous pouvons, nous aussi, nous reposer sur l'assurance qu'il ne nous abandonnera jamais.

La Présence et la Force de Dieu dans les Moments de Peur

La Bible nous encourage constamment à être forts, courageux et sans crainte, car Dieu est avec nous et combat dans nos combats. Ésaïe 4:1-6 décrit la protection et la providence de Dieu pour son peuple, promettant refuge et protection à ceux qui se confient en lui. Ésaïe 13:2 appelle les croyants à se tenir debout avec assurance, brandissant une bannière en témoignage de la puissance de Dieu. 2 Chroniques 32:7-8a rapporte les paroles d'Ézéchias au peuple de Juda face à un ennemi puissant : *«Fortifiez-vous et ayez du courage! Ne craignez point et ne soyez point effrayés devant le roi d'Assyrie et devant toute la multitude qui est avec lui; car avec nous il y a plus qu'avec lui. Avec lui est un bras de chair, et avec nous l'Éternel, notre Dieu, qui nous aidera et qui combattra pour nous.»*

La réponse du peuple est tout aussi importante: *«Le peuple eut confiance dans les paroles d'Ézéchias, roi de Juda.» (2 Chroniques 32:8b)*.

Ce passage nous rappelle avec force que notre confiance ne repose pas sur la force humaine, mais sur la puissance de Dieu. Romains 14:4 rassure les croyants: Dieu est celui qui nous soutient: *«Toi, qui juges le serviteur d'autrui? Soit il se tient debout, soit il tombe, devant son maître. Au contraire, il sera soutenu, car Dieu a le pouvoir de le soutenir.»* Romains 14:11 nous rappelle l'autorité suprême de Dieu, devant qui tous s'inclineront un jour: *«Car il est écrit: Je suis vivant! dit le Seigneur, tout genou fléchira devant moi, et toute langue donnera gloire à Dieu.»*

La Fidélité de Dieu dans la Tentation

Pour ceux qui craignent que la tentation ne les fasse échouer, 1 Corinthiens 10:13 est une puissante assurance de la fidélité de Dieu: *«Aucune tentation ne vous est survenue qui n'ait été humaine; et Dieu, qui est fidèle, ne permettra pas que vous soyez tentés au-delà de vos forces; mais avec la tentation il préparera aussi le moyen d'en sortir, afin que vous puissiez la supporter.»*

Je suis trop faible

Une autre difficulté à laquelle certaines personnes sont confrontées est la croyance qu'elles sont trop faibles pour surmonter la tentation ou rester fermes dans leur foi. L'ennemi murmure constamment qu'elles manquent de force pour endurer. Pourtant, la Parole de Dieu a la réponse.

2 Corinthiens 12:9-10 enseigne que la force de Dieu s'accomplit dans notre faiblesse. L'apôtre Paul a traversé une grande épreuve et

a demandé à Dieu à trois reprises de la lui ôter. Mais Dieu lui a répondu: *«Ma grâce te suffit, car ma puissance s'accomplit dans la faiblesse. Je me glorifierai donc bien plus volontiers de mes faiblesses, afin que la puissance de Christ repose sur moi. C'est pourquoi je me plais dans les faiblesses, dans les outrages, dans les calamités, dans les persécutions, dans les détresses, pour Christ; car, quand je suis faible, c'est alors que je suis fort.»*

Où la force du Christ se perfectionne-t-elle? Dans la faiblesse. Plus nous sommes faibles en nous-mêmes, mieux on est, car cela nous permet de nous appuyer pleinement sur sa force. De même, Philippiens 4:13 nous assure: *«Je peux tout par celui qui me fortifie.»* Quelle que soit notre faiblesse, nous ne sommes jamais seuls: le Christ lui-même nous donne la force dont nous avons besoin. De plus, 1 Corinthiens 10:13 nous rappelle que Dieu connaît nos faiblesses et ne permettra jamais que nous soyons tentés au-delà de nos forces: *«Aucune tentation ne vous est survenue qui n'ait été humaine; et Dieu, qui est fidèle, ne permettra pas que vous soyez tentés au-delà de vos forces; mais avec la tentation il préparera aussi le moyen d'en sortir, afin que vous puissiez la supporter.»*

La force en Christ Seul

Notre faiblesse n'est pas un désavantage, mais une occasion pour la puissance de Dieu de se manifester dans nos vies. En nous appuyant sur Lui, nous trouvons la véritable force, et Il nous accordera toujours la grâce nécessaire pour persévérer.

Quelles que soient les difficultés ou les circonstances, ceux qui consacrent leur vie à Christ trouveront force et persévérance en Lui. Philippiens 4:13 nous rassure: nous sommes pleinement capables de vaincre le péché par la puissance du Christ. Il nous appelle à vivre dans la justice et nous donne la force de le faire.

Lorsque nous comptons sur Jésus, il nous donne la force de persévérer dans les moments difficiles et de nous libérer des habitudes pécheresses que nous pensions autrefois impossibles à surmonter.

Que Diront les Autres?

L'une des plus grandes préoccupations des gens qui suivent Christ est: *«Que diront les autres de moi si je deviens chrétien?»* ou *«Je serai persécuté si je suis Jésus.»* Il est important de ne jamais induire en erreur quiconque en prétendant qu'il ne rencontrera pas de difficultés. Au contraire, nous devrions lui montrer que l'Écriture est claire: la persécution fait partie de la vie chrétienne, mais elle mène aussi à la gloire éternelle.

2 Timothée 2:12 nous rappelle: *«si nous persévérons, nous régnerons aussi avec lui; si nous le renions, lui aussi nous reniera;»* De même, 2 Timothée 3:12 déclare: *«Or, tous ceux qui veulent vivre pieusement en Jésus Christ seront persécutés.»* Jésus lui-même a encouragé ceux qui sont persécutés à cause de leur foi dans Matthieu 5:10-12, *«Heureux ceux qui sont persécutés pour la justice, car le royaume des cieux est à eux. Heureux serez-vous lorsqu'on vous insultera, qu'on vous persécutera et qu'on dira faussement de vous toute sorte de mal, à cause de moi. Réjouissez-vous et soyez dans l'allégresse, car votre récompense sera grande dans les cieux; car c'est ainsi qu'on a persécuté les prophètes qui ont été avant vous.»*

L'urgence de gagner des âmes

Même si la souffrance peut survenir, Romains 8:18 nous rassure: *«...les souffrances du temps présent ne sauraient être comparées à la gloire à venir qui sera révélée pour nous.»*

La persécution pour le Christ n'est pas seulement un fardeau, c'est un privilège. Hébreux 12:3 nous encourage à considérer Jésus, qui a enduré bien plus que nous, comme notre source de force et de victoire.

Le Coût et la Récompense de Suivre le Christ

Vivre sa foi dans certains contextes peut s'avérer difficile, peut-être même dans votre emploi actuel ou vos relations sociales. Mais pensez aux paroles de Jésus dans Marc 8:36: *«Que servirait-il à un homme de gagner le monde entier, s'il perdait son âme?»* Ce verset souligne la valeur inestimable de l'âme humaine. Aucune réussite, aucune richesse, aucune approbation terrestre ne peuvent égaler la vie éternelle trouvée en Christ.

Jésus nous donne une assurance supplémentaire dans Matthieu 6:33: *«Cherchez d'abord le royaume et la justice de Dieu; et toutes ces choses vous seront données par-dessus.»* Jésus nous promet ici que si nous accordons la priorité à Dieu et à son royaume, il pourvoira à nos besoins. Il est un pourvoyeur fidèle, veillant à ce que nous ne manquions de rien d'essentiel lorsque nous le suivons.

Engagement à Suivre le Christ

Dans Matthieu 16:24-27, Jésus enseigne la nécessité du renoncement à soi et de l'engagement pour le suivre: *«Alors Jésus dit à ses disciples: Si quelqu'un veut venir après moi, qu'il renonce à lui-même, qu'il se charge de sa croix, et qu'il me suive. Car celui qui voudra sauver sa vie la perdra, et celui qui perdra sa vie à cause de moi la trouvera. Car que sert-il à un homme de gagner le monde entier, s'il perd son âme? Ou que donnerait un homme en échange de son âme? Car le Fils de l'homme viendra dans la gloire de son Père, avec ses anges; et alors il rendra à chacun selon ses œuvres.»*

Ici, Jésus souligne que le suivre exige un engagement total. Être un véritable disciple exige l'abnégation et la volonté d'endurer les épreuves pour lui. En fin de compte, la récompense de la vie éternelle dépasse de loin les gains temporaires de ce monde.

Le Danger du Matérialisme

De même, Luc 12:16-21 met en garde contre les dangers de placer la richesse au-dessus de Dieu: *Et il leur dit cette parabole: «Les terres d'un homme riche avaient beaucoup rapporté. Et il raisonnait en lui-même, disant: Que ferai-je? car je n'ai pas de place pour serrer ma récolte. Voici, dit-il, ce que je ferai: j'abattrai mes greniers, j'en bâtirai de plus grands, j'y amasserai toute ma récolte et tous mes biens; et je dirai à mon âme: Mon âme, tu as beaucoup de biens en réserve pour plusieurs années; repose-toi, mange, bois, et réjouis-toi. Mais Dieu lui dit: Insensé! cette nuit même ton âme te sera redemandée; et ce que tu as préparé, pour qui cela sera-t-il? Il en est ainsi de celui qui amasse des trésors pour lui-même, et qui n'est pas riche pour Dieu.»*

Ce passage nous rappelle qu'une obsession pour les richesses matérielles peut nous aveugler quant à nos besoins spirituels. Si nous plaçons notre sécurité dans les richesses terrestres plutôt qu'en Dieu, nous risquons de tout perdre devant lui. Notre vie ne nous appartient pas et nous ignorons quand nous serons appelés à rendre des comptes.

Un Appel aux Vraies Richesses

En fin de compte, notre objectif ne devrait pas être d'accumuler des richesses, mais de construire une relation avec Dieu. La véritable richesse vient de la «richesse envers Dieu» – une vie de foi, d'obéissance et de dévotion. Rappelons-nous que les trésors de ce monde sont temporaires, mais que les récompenses de suivre le Christ sont éternelles.

Trop de choses à abandonner?

Certains pourraient penser que suivre Christ exige trop de sacrifices. Pourtant, la Bible indique clairement que ce que nous gagnons en Christ dépasse de loin tout ce que nous abandonnons. Dans Marc 8:36, Jésus pose une question qui donne à réfléchir: *«Que servirait-il à un homme de gagner le monde entier, s'il perdait son âme?»*

Aucune richesse, aucun statut social ni aucune réussite terrestre ne valent la perte de la vie éternelle. Le véritable épanouissement se trouve dans l'abandon à Christ, et non dans l'attachement à des gains temporaires. Paul fait écho à cette vérité dans Philippiens 3:7-8: *«Mais ces choses qui étaient pour moi des gains, je les ai regardées comme une perte, à cause de Christ. Et même je regarde toutes choses comme une perte, à cause de l'excellence de la connaissance de Jésus Christ mon Seigneur, pour lequel j'ai renoncé à tout, et je les regarde comme de la boue, afin de gagner Christ,»*

Autrefois homme de grande renommée, Paul reconnaissait que tout ce qu'il valorisait autrefois était sans valeur comparé à la connaissance du Christ. Ses paroles nous invitent à reconsidérer ce qui nous est cher et à reconnaître la valeur inestimable d'une vie consacrée à Jésus.

De plus, le Psaume 16:11 nous rassure quant à la récompense ultime: *«Tu me feras connaître le sentier de la vie; Il y a d'abondantes joies devant ta face, Des délices éternelles à ta droite.»*

Suivre Christ n'est pas synonyme de perte, mais de gain: joie éternelle, épanouissement et présence de Dieu Lui-même. Nos sacrifices ne sont rien comparés aux richesses de son royaume.

Dieu nous demande seulement d'abandonner ce qui nous fait du mal

Dieu ne nous demande jamais de renoncer à ce qui est vraiment bon pour nous. Au contraire, il nous appelle à abandonner ce qui est nuisible, ce qui nous empêche de vivre le meilleur de lui-même.

Le Psaume 84:11 nous rassure sur la bonté de Dieu: *«Car l'Éternel, Dieu, est un soleil et un bouclier; l'Éternel donne la grâce et la gloire; il ne refuse aucun bien à ceux qui marchent dans l'intégrité.»* Dieu est notre protecteur et notre pourvoyeur. Il ne refuse pas ses bénédictions à ceux qui le suivent; au contraire, il nous guide vers le bien véritable.

De même, Romains 8:32 nous rappelle la profondeur de la générosité de Dieu: *«Lui, qui n'a pas épargné son propre Fils, mais l'a livré pour nous tous, comment ne nous donnera-t-il pas aussi toutes choses avec lui?»* Si Dieu a été prêt à sacrifier son propre Fils pour notre salut, nous pouvons avoir confiance qu'Il pourvoira également à tous nos besoins. Le suivre ne signifie pas perdre, mais gagner quelque chose de bien plus grand.

Les commandements de Dieu ne visent pas à nous priver, mais à nous protéger et à nous conduire vers la vie abondante qu'il a prévue. En nous abandonnant à lui, nous découvrons que ce qu'il donne est toujours meilleur que ce que nous laissons derrière nous.

Voulez-vous vous accrocher à quelque chose qui, en fin de compte, n'est pas bon pour vous? Il est de loin préférable de renoncer volontairement aux choses du monde et de venir à Christ sans tarder. On a tendance à s'accrocher aux choses de ce monde, même si les Écritures les déclarent sans valeur. Elles sont temporaires, fugaces et, à terme, néfastes pour l'âme.

1 Jean 2:17, "Et le monde passe, et sa convoitise aussi; mais celui qui fait la volonté de Dieu demeure éternellement."

Jésus illustre cette vérité dans la parabole du riche insensé: Luc 12:16-21, *"Et il leur dit cette parabole: Les terres d'un homme riche avaient beaucoup rapporté. Et il raisonnait en lui-même, disant: Que ferai-je? car je n'ai pas de place pour serrer ma récolte. Voici, dit-il, ce que je ferai: j'abattrai mes greniers, j'en bâtirai de plus grands, j'y amasserai toute ma récolte et tous mes biens; et je dirai à mon âme: Mon âme, tu as beaucoup de biens en réserve pour plusieurs années; repose-toi, mange, bois, et réjouis-toi. Mais Dieu lui dit: Insensé! cette nuit même ton âme te sera redemandée; et ce que tu as préparé, pour qui cela sera-t-il? Il en est ainsi de celui qui amasse des trésors pour lui-même, et qui n'est pas riche pour Dieu."*

Pasteure Dr. Claudine Benjamin

Ce passage nous rappelle que les possessions matérielles sont temporaires. Elles ne durent pas. Seuls les trésors spirituels perdurent éternellement. Les choses de ce monde passeront, mais celles de Dieu demeurent à jamais.

La Vie Chrétienne est trop Dure

Au contraire, c'est la vie du pécheur qui est véritablement difficile. La vie chrétienne, malgré ses difficultés, est une vie de paix et de joie. Jésus lui-même a déclaré dans *Matthieu 11:30: «Car mon joug est doux, et mon fardeau léger.»*

1 Jean 5:3 renforce cette vérité: *«Car l'amour de Dieu consiste à garder ses commandements. Et ses commandements ne sont pas pénibles.»* Les commandements de Dieu ne sont pas pesants, mais conduisent à une vie abondante. Par ailleurs, Proverbes 13:15 souligne la véritable difficulté du péché: *«La sagesse donne la grâce, mais la voie des transgresseurs est dure.»* Le péché apporte lutte et souffrance, tandis que l'obéissance à Dieu apporte la paix.

Je Cherche le Christ mais je ne le Trouve Pas

Selon Jérémie 29:13, Dieu promet que ceux qui le cherchent de tout leur cœur le trouveront: *«Vous me chercherez, et vous me trouverez, si vous me cherchez de tout votre cœur.»*

La Bible affirme constamment cette vérité. Dans Luc 15:1-10, Jésus illustre l'amour profond de Dieu pour les perdus à travers les paraboles de la brebis, de la pièce et du fils perdus. Ces histoires montrent que non seulement Dieu accueille ceux qui cherchent, mais qu'il les poursuit activement avec amour et joie lorsqu'ils sont retrouvés.

De plus, Luc 19:10 capture la mission même du Christ: *«Car le Fils de l'homme est venu chercher et sauver ce qui était perdu.»*

Si quelqu'un cherche vraiment le Christ, sa recherche ne sera pas vaine. Dieu est déjà là, prêt à se laisser trouver par ceux qui le désirent sincèrement.

Chapitre 9

†

Ceux qui ont des excuses

Les êtres humains trouvent souvent des excuses pour ne pas abandonner leur vie à Dieu. La peur, l'incertitude, l'absence de but ou le refus d'abandonner le péché peuvent tous les empêcher. Pourtant, l'invitation de Dieu reste ouverte à tous ceux qui le cherchent sincèrement.

Ésaïe 55:7 offres une puissante assurance de la miséricorde de Dieu: *«Que le méchant abandonne sa voie, Et l'homme d'iniquité ses pensées; Qu'il retourne à l'Éternel, qui aura pitié de lui, A notre Dieu, qui ne se lasse pas de pardonner.»*

Aucune excuse ne peut surpasser la grâce et le pardon que Dieu offre. Ceux qui se tournent vers lui trouveront joie et paix, même dans un monde troublé et pervers.

Mon Cœur Est Trop Dur

Certains peuvent penser que leur cœur est trop endurci pour changer, mais Dieu promet une transformation. Dans Ézéchiel 36:26-27, il nous assure qu'aucun cœur n'est hors de sa puissance de renouvellement: *«Je vous donnerai un cœur nouveau, et je mettrai en vous un esprit nouveau; j'ôterai de votre corps le cœur de pierre, et je vous donnerai un cœur de chair. Je mettrai mon esprit en vous, et je ferai en sorte que vous suiviez mes lois, et que vous observiez et pratiquiez mes ordonnances.»*

C'est la promesse divine d'un renouveau complet: transformer un cœur réfractaire en un cœur réceptif et obéissant. Lorsque Dieu accomplit cette œuvre, chacun désirera sa volonté dans tous les domaines de sa vie.

Dieu ne Me Recevra Pas ou Je Crains d'Avoir Commis le Péché Impardonnable

Ceux qui luttent sincèrement contre la peur que Dieu ne les reçoive pas – ou qu'ils aient commis un péché impardonnable – sont souvent les plus difficiles à rassurer.

Un passage puissant à partager avec eux est Jean 6:37: *«Tous ceux que le Père me donne viendront à moi, et je ne mettrai pas dehors celui qui vient à moi.»* Ce verset est une source d'espoir, déclarant que Jésus ne rejettera jamais quiconque vient à lui.

De nombreuses âmes profondément abattues ont trouvé lumière et paix grâce à cette promesse de la Parole de Dieu. Son amour inconditionnel et indéfectible nous assure qu'il pardonne et sauve, non pas à cause de qui nous sommes ou de nos actions, mais à cause de l'œuvre accomplie du Christ.

Apocalypse 22:17 est un autre passage puissant, montrant que quiconque le désire peut recevoir gratuitement l'eau de la vie: *«Et l'Esprit et l'épouse disent: Viens. Et que celui qui entend dise:*

Viens. Et que celui qui a soif vienne; que celui qui veut, prenne de l'eau de la vie, gratuitement.»

De même, Ésaïe 55:1 est une invitation divine qui exhorte les gens à rechercher auprès de Dieu la nourriture spirituelle qu'Il donne gratuitement: *Oh! vous tous qui avez soif, venez aux eaux, et vous qui n'avez pas d'argent! Venez, achetez et mangez! Venez, achetez du vin et du lait, sans argent et sans rien payer.»*

Ésaïe 1:18 renforce la miséricorde infinie de Dieu, déclarant que quelle que soit la profondeur des péchés de quelqu'un, Il est prêt à le purifier et à le pardonner: *«Venez maintenant, et plaidons, dit l'Éternel. Si vos péchés sont comme le cramoisi, ils deviendront blancs comme la neige; s'ils sont rouges comme la pourpre, ils deviendront comme la laine.»*

Actes 10:43 et Jean 3:16 mettent davantage l'accent sur « tous » de l'Évangile. Quel que soit son passé, quiconque invoque le nom du Seigneur dans un repentir sincère peut trouver le pardon et la vie éternelle. Romains 10:13 le confirme encore: *«Car quiconque invoquera le nom du Seigneur sera sauvé.»*

Comprendre le Péché Impardonnable

Il est parfois utile de se référer à Hébreux 6:4-6 et à Matthieu 12:31-32 pour clarifier ce qu'est réellement le péché impardonnable et ses conséquences.

Matthieu 12:31-32 enseigne que le blasphème contre le Saint-Esprit est un péché impardonnable. Le Saint-Esprit convainc les pécheurs, convertit ceux qui se repentent et consacre les croyants. Par conséquent, si quelqu'un médit du Saint-Esprit ou refuse obstinément son œuvre, il ne laisse aucune place à la conviction et à la conversion.

Comme le révèle Hébreux 6:4-6, la difficulté ne réside pas dans le refus de Dieu de pardonner, mais dans le refus de l'homme de croire et d'obéir à son appel à la repentance. Le véritable danger réside dans un cœur endurci qui résiste à l'inspiration de l'Esprit.

Cependant, ceux qui se soucient de leur salut n'ont pas à craindre de commettre le péché impardonnable. Un cœur qui cherche Dieu est la preuve que sa grâce est toujours à l'œuvre. Souvent, un peu d'instruction dans ce domaine suffit à les rassurer.

Références Bibliques

Matthieu 12:31-32: «C'est pourquoi je vous dis : Tout péché et tout blasphème seront pardonnés aux hommes, mais le blasphème contre le Saint-Esprit ne sera point pardonné. Et quiconque parlera contre le Fils de l'homme, il lui sera pardonné; mais quiconque parlera contre le Saint-Esprit, il ne lui sera pardonné ni dans ce siècle ni dans le siècle à venir.»

Hébreux 6:4-6, «Car il est impossible que ceux qui ont été une fois éclairés, qui ont goûté le don céleste, qui ont eu part au Saint-Esprit, qui ont goûté la bonne parole de Dieu et les puissances du siècle à venir, et qui sont tombés, soient encore renouvelés et amenés à la repentance, puisqu'ils crucifient de nouveau pour leur part le Fils de Dieu, et l'exposent à l'ignominie.»

« C'est Trop Tard »

Quand quelqu'un dit: *«C'est trop tard pour moi»*, rappelez-lui la promesse de Dieu dans *2 Corinthiens 6:2: «Car il dit: Je t'ai exaucé au temps favorable, Et je t'ai secouru au jour du salut. Voici maintenant le temps favorable, voici maintenant le jour du salut.»*

C'est maintenant le bon moment pour chercher le Seigneur, car demain n'est jamais garanti.

On trouve un puissant exemple de la miséricorde divine dans Luc 23:39-43. Alors que Jésus était crucifié, l'un des malfaiteurs à ses côtés se moquait de lui, mais l'autre, reconnaissant sa culpabilité, se tourna vers Jésus et lui dit: *«Seigneur, souviens-toi de moi quand tu viendras dans ton règne.»* Jésus répondit par une promesse de salut: *«En vérité, je te le dis, aujourd'hui tu seras avec moi au paradis.»*

Même dans ses derniers instants, le voleur repentant a été sauvé, prouvant que personne n'est jamais au-delà de la grâce de Dieu.

De plus, 2 Pierre 3:9 nous rassure que Dieu est patient et désire que tous se repentent: *«Le Seigneur ne tarde pas dans l'accomplissement de sa promesse, comme quelques-uns le croient; mais il use de patience envers vous, ne voulant pas qu'aucun périsse, mais voulant que tous arrivent à la repentance.»*

Enfin, Deutéronome 4:30-31 offre une promesse réconfortante: *«Lorsque tu seras dans la tribulation, et que toutes ces choses t'arriveront, même dans la suite des temps, si tu reviens à l'Éternel, ton Dieu, et si tu écoutes sa voix (car l'Éternel, ton Dieu, est un Dieu miséricordieux), il ne t'abandonnera pas, il ne te détruira pas, et il n'oubliera pas l'alliance qu'il a jurée à tes pères.»*

Peu importe le chemin parcouru, tant qu'on a du souffle, **il n'est jamais trop tard** pour venir au Christ. Dieu est miséricordieux et

Pasteure Dr. Claudine Benjamin

toujours prêt à accueillir ceux qui se tournent vers Lui avec repentance.

Chapitre 10

✝

Les pharisaïques

Les auto-justiciers nourrissent de faux espoirs de salut. Parmi eux, le groupe le plus important est peut-être celui qui s'attend à être sauvé par sa propre justice. On les reconnaît souvent à des affirmations comme:

- «Je fais de mon mieux.»
- «Je fais plus de bien que de mal.»
- «Je ne suis pas un grand pécheur.»
- «Je n'ai jamais rien fait de vraiment mal.»

Ils croient que leurs opinions et leurs actions les rendent moralement supérieurs aux autres. Cependant, la Bible indique clairement que l'autosatisfaction ne suffit pas au salut.

Galates 3:10 est un verset puissant à utiliser dans ce contexte, car il montre que tous ceux qui comptent sur leurs œuvres sont sous la malédiction de la loi: *«Car tous ceux qui s'attachent aux œuvres de la loi sont sous la malédiction; car il est écrit: Maudit est quiconque n'observe pas tout ce qui est écrit dans le livre de la loi, et ne le met pas en pratique.»*

Pasteure Dr. Claudine Benjamin

Personne ne peut être sauvé par la loi s'il n'obéit parfaitement à toutes ses prescriptions, ce qui est impossible.

De même, **Jacques 2:10**, **Galates 2:16** et **Romains 3:19-20** renforcent cette vérité:

- *Jacques 2:10, «Car quiconque observe toute la loi, mais pèche contre un seul commandement, devient coupable de tous.»*

- *Galates 2:16, «Sachant que ce n'est pas par les œuvres de la loi que l'homme est justifié, mais par la foi en Jésus-Christ, nous aussi nous avons cru en Jésus-Christ, afin d'être justifiés par la foi en Christ et non par les œuvres de la loi; car nulle chair ne sera justifiée par les œuvres de la loi.»*

- *Romains 3:19-20: «Or, nous savons que tout ce que dit la loi, elle le dit à ceux qui sont sous la loi, afin que toute bouche soit fermée, et que tout le monde soit reconnu coupable devant Dieu. C'est pourquoi nul ne sera justifié devant lui par les œuvres de la loi, car c'est par la loi que vient la connaissance du péché.»*

Ces versets le précisent clairement: nul ne peut être justifié par sa propre justice. Le salut ne vient que par la foi en Jésus-Christ. Tous ces passages révèlent le genre de justice que Dieu exige. Aucune justice humaine ne répond aux normes divines de perfection. Il faut donc bien comprendre que **le salut repose uniquement sur la grâce de Dieu par la foi en Jésus-Christ,** et non sur les efforts personnels pour suivre la loi.

Une autre approche efficace pour s'adresser à des personnes pharisaïques est de souligner que **Dieu regarde au cœur** plutôt qu'aux actes. **Luc 16:15, Romains 2:16 et 1 Samuel 16:7** illustrent cette vérité:

- *Luc 16:15, «Et il leur dit: Vous, vous cherchez à être justes devant les hommes; mais Dieu connaît vos cœurs; et ce qui est élevé parmi les hommes est en abomination devant Dieu.»*

- *Romains 2:16, « C'est ce qui paraîtra au jour où, selon mon Évangile, Dieu jugera par Jésus Christ les actions secrètes des hommes.»*

- *1 Samuel 16:7, «Et l'Éternel dit à Samuel: Ne prends point garde à son apparence et à la hauteur de sa taille, car je l'ai rejeté. L'Éternel ne considère pas ce que l'homme considère; l'homme regarde à ce qui frappe les yeux, mais l'Éternel regarde au cœur.»*

Rappelez à votre interlocuteur ce point crucial: **chaque personne, confrontée à la réalité que Dieu examine le cœur, doit reconnaître sa propre indignité.** Aussi belle que puisse paraître une vie extérieure, le cœur ne peut résister à l'examen parfait des normes divines.

Cette vérité conduit directement à la nécessité de **la grâce et du salut par Jésus-Christ seul.**

Quelle que soit l'attitude moralisatrice d'une personne, au plus profond de son cœur réside la conscience du péché. Notre tâche est de travailler jusqu'à ce que nous atteignions ce point. Qu'on le reconnaisse ou non, la conscience de chacun témoigne de la vérité.

Quand quelqu'un affirme: *«Je fais de mon mieux»* ou *«Je fais plus de bien que de mal »*, nous devons l'aider à reconnaître son erreur. Jésus lui-même a déclaré le plus grand commandement dans Matthieu 22:37: *«Tu aimeras le Seigneur ton Dieu de tout ton cœur, de toute ton âme et de toute ta pensée.»*

Ce commandement exige une dévotion sans réserve à Dieu, qui englobe chaque partie de notre être: cœur, âme et esprit. Aimer Dieu doit être au cœur de nos vies, surpassant toute autre chose.

Le salut ne repose pas sur l'effort humain ni sur la comparaison morale, mais sur l'œuvre de la foi. Hébreux 11:6 nous le rappelle: *«Sans la foi, il est impossible de lui être agréable.»*

Dieu exige la foi; sans elle, personne ne peut se tenir juste devant Lui.

Jean 16:8-9 souligne que l'incrédulité en Christ est le plus grand péché: *«Et quand il sera venu, il convaincra le monde en ce qui concerne le péché, la justice, et le jugement: en ce qui concerne le péché, parce qu'ils ne croient pas en moi.»*

Le Saint-Esprit convainc les hommes de péché, et ici, Jésus identifie le problème fondamental: ne pas croire en lui. Fondamentalement, le péché découle d'un manque de confiance dans le salut que Dieu a prévu par Jésus-Christ.

Jean 3:36 indique clairement que la vie éternelle dépend de la façon dont une personne accepte ou rejette le Christ par la foi: *«Celui qui croit au Fils a la vie éternelle; celui qui ne croit pas au Fils ne verra pas la vie, mais la colère de Dieu demeure sur lui.»*

De même, Hébreux 10:28-29 révèle que la faute la plus grave est de fouler aux pieds le Fils de Dieu et de rejeter son sacrifice. Avant de partager ce passage, vous pourriez vous demander: *«Savez-vous que vous commettez le péché le plus grave aux yeux de Dieu?»* Ensuite, lisez les Écritures avec solennité et conviction pour souligner ce que dit la Parole de Dieu.

Celui qui a méprisé la loi de Moïse est mort sans miséricorde, sur la déposition de deux ou trois témoins. De quel plus grand châtiment pensez-vous qu'il soit jugé digne celui qui a foulé aux pieds le Fils de Dieu, qui a tenu pour profane le sang de l'alliance, par lequel il a été sanctifié, et qui a outragé l'Esprit de la grâce? (Hébreux 10:28-29).

Le Danger de Mal Comprendre la Bonté de Dieu

Certains croient que Dieu est trop bon pour les juger, mais c'est un faux espoir. Si quelqu'un exprime cette idée, vous pouvez répondre: *«Nous ne connaissons la bonté de Dieu que par la Bible. Par conséquent, nous devons nous tourner vers les Écritures pour comprendre son caractère.»*

Romains 2:4-5 clarifie le but de la bonté de Dieu: *«Ou méprises-tu les richesses de sa bonté, de sa patience et de sa longanimité, ne reconnaissant pas que la bonté de Dieu te pousse à la repentance? Mais, par ton endurcissement et par ton cœur impénitent, tu t'amasses un trésor de colère pour le jour de la colère et de la manifestation du juste jugement de Dieu.»*

Pasteure Dr. Claudine Benjamin

La bonté de Dieu est destinée à nous conduire à la repentance, et non à nous encourager à nous complaire dans le péché. Ceux qui rejettent sa bonté s'attirent la colère. Jean 8:21, 24 et Jean 3:36 soulignent que, quelle que soit la bonté qu'une personne perçoit en Dieu, il rejettera ceux qui rejettent son Fils.

Le Choix Humain de Rejeter la Vie Éternelle

Dieu désire que nul ne périsse, offrant gratuitement le don de la vie éternelle. Pourtant, un obstacle majeur subsiste. Jean 5:40 le révèle: *«Et vous ne voulez pas venir à moi pour avoir la vie.»* Le problème n'est pas un manque d'opportunités, mais un refus délibéré de venir à Christ. Certains choisissent de rester séparés de lui malgré son invitation ouverte. La triste réalité est la suivante: la vie est offerte, mais si l'on la refuse, la seule alternative est la destruction éternelle.

L'Urgence du Repentir

Les Écritures nous mettent sérieusement en garde contre la nécessité de la repentance. 2 Pierre 2:4-6, 9 et Luc 13:3 soulignent que ceux qui ne se détournent pas du péché seront jugés: *«Car, si Dieu n'a pas épargné les anges qui ont péché, mais s'il les a précipités dans les abîmes de ténèbres et les réserve pour le jugement; s'il n'a pas épargné l'ancien monde, mais s'il a sauvé Noé, lui huitième, ce prédicateur de la justice, lorsqu'il fit venir le déluge sur un monde d'impies; s'il a condamné à la destruction et réduit en cendres les villes de Sodome et de Gomorrhe, les donnant comme exemple aux impies à venir.» (2 Pierre 2:4-6)*

2 Pierre 2:9 offres à la fois un avertissement et une promesse: *«Le Seigneur sait délivrer les hommes pieux de l'épreuve, et réserver les injustes pour être punis au jour du jugement.»*

Ces passages sont des appels pressants à la repentance. La miséricorde de Dieu est disponible dès maintenant, mais ceux qui persistent à le rejeter subiront des conséquences éternelles.

Il est crucial de souligner la nécessité d'accepter Jésus-Christ comme Seigneur et Sauveur, car le jugement de Dieu est imminent pour ceux qui ne se détournent pas de leurs péchés. On pourrait dire: *«Dieu est trop bon pour détruire qui que ce soit.»* Cependant, voyons ce que Dieu lui-même dit dans sa Parole. Luc 13:3 dit: *«Si vous ne vous repentez, vous périrez tous également.»* Répéter ce verset plusieurs fois, peut aider à en saisir la gravité.

Un autre groupe de personnes qui nourrissent de faux espoirs est celui de ceux qui disent: *«J'essaie de devenir chrétien.»* Pourtant, Jean 1:12 le dit: *«Mais à tous ceux qui l'ont reçu, à ceux qui croient en son nom, il a donné le pouvoir de devenir enfants de Dieu.»* Cela montre qu'il ne s'agit pas d'être chrétien, de vivre une vie meilleure ou de mériter le salut. Il s'agit plutôt de recevoir Jésus-Christ, qui a déjà accompli tout ce qui est nécessaire à notre salut. Il poursuivra son œuvre de grâce dans nos vies jusqu'au jour de Jésus-Christ (voir Philippiens 1:6).

Actes 16:31 précise que Dieu ne nous demande pas d'essayer ce que nous pouvons faire, mais plutôt de croire en ce que Jésus a fait et continuera de faire: *«Crois au Seigneur Jésus-Christ, et tu seras sauvé.»* De même, Romains 3:25 explique que nous ne sommes pas justifiés par nos propres efforts, mais en acceptant librement la grâce de Dieu par la rédemption trouvée en Jésus-Christ, à la simple condition de la foi.

Pasteure Dr. Claudine Benjamin

Faux espoirs basés sur des sentiments

Un autre groupe qui entretient de faux espoirs est celui de ceux qui disent: *«Je sens que je vais alles au paradis»* ou *«Je sens que je suis sauvé».* Or, le salut ne repose pas sur des sentiments personnels, mais sur la vérité de la Parole de Dieu.

Jean 3:36 le dit clairement: *«Celui qui croit au Fils a la vie éternelle; celui qui ne croit pas au Fils ne verra point la vie, mais la colère de Dieu demeure sur lui.»* Il ne s'agit pas de ce que l'on *ressent,* mais de ce que Dieu *dit.*

Luc 18:18-24 présente un exemple frappant. Vous pouvez introduire ce passage en disant: *«Il y avait un homme dans la Bible qui pensait être en règle avec Dieu, mais en fin de compte, il avait complètement tort.»* Cette histoire démontre que la véritable dévotion à Dieu exige souvent un sacrifice radical et la priorité aux richesses spirituelles plutôt qu'aux richesses terrestres.

L'homme de ce passage était sincère dans sa quête de la vie éternelle, mais lorsque Jésus lui a dit de vendre tout ce qu'il possédait et de le suivre, il n'a pas voulu abandonner ses biens. Malheureusement, on n'entend plus parler de cet homme après qu'il s'est éloigné de Jésus. Son histoire nous rappelle avec force que l'attachement aux richesses matérielles peut entraver le cheminement spirituel et la relation avec Dieu.

Proverbes 14:12 renforce cette vérité: *«Telle voie paraît droite à un homme, mais son issue, c'est la voie de la mort.»* Il est de la plus haute importance de rechercher la direction de Dieu pour discerner le bien du mal et éviter la tromperie.

Faux espoirs en vivant dans le péché

Un autre groupe qui s'accroche à de faux espoirs est celui de ceux qui prétendent être sauvés tout en vivant dans le péché. La Bible met en garde contre une telle tromperie. Voici quelques passages clés pour guider une personne dans cette situation:

- *1 Corinthiens 6:9-10: «Ne savez-vous pas que les injustes n'hériteront point le royaume de Dieu? Ne vous y trompez pas: ni les impudiques, ni les idolâtres, ni les adultères, ni les efféminés, ni les infâmes, ni les voleurs, ni les cupides, ni les ivrognes, ni les outrageux, ni les ravisseurs, n'hériteront le royaume de Dieu.»*

Ce passage indique clairement que ceux qui persistent dans le péché sans se repentir n'hériteront pas du royaume de Dieu.

- *1 Jean 5:4-5: «parce que tout ce qui est né de Dieu triomphe du monde; et la victoire qui triomphe du monde, c'est notre foi. Qui est celui qui a triomphé du monde, sinon celui qui croit que Jésus est le Fils de Dieu?»*

Ce verset souligne que ceux qui sont véritablement nés de Dieu ont le pouvoir de surmonter les tentations et les pressions du monde. Une personne vivant dans le péché sans se repentir, incapable de surmonter les désirs du monde, prouve qu'elle n'est pas véritablement née de Dieu.

Chapitre 11

†

Les Sceptiques

Certains sceptiques – ceux qui doutent ou ne sont pas facilement convaincus – prennent la Parole de Dieu à la légère. Si quelqu'un considère la Bible comme insensée, vous pouvez lui indiquer ce que disent les Écritures à ce sujet.

1 Corinthiens 1:18 déclare: *«Car la prédication de la croix est une folie pour ceux qui périssent; mais pour nous qui sommes sauvés, elle est une puissance de Dieu.»*

Vous pouvez expliquer que certaines personnes considèrent l'Évangile comme une folie, car elles sont encore perdues dans le péché. Cependant, dès qu'une personne reçoit le Seigneur Jésus comme son Sauveur personnel, tout change. Une transformation s'opère et elle commence à voir le Christ, Dieu et sa Parole sous un jour nouveau.

Ceux qui ont soumis leur vie au Seigneur peuvent témoigner de ce changement. L'ancien goût du péché disparaît, remplacé par le désir de marcher dans la justice. Cette vérité peut surprendre les sceptiques, mais comme le dit le dicton: *«Qui le sent, le sait.»*

Pasteure Dr. Claudine Benjamin

Pourquoi les Sceptiques Ont du Mal à Croire

1 Corinthiens 2:14 explique pourquoi de nombreux sceptiques rejettent la vérité de la Parole de Dieu: *«Mais l'homme animal ne reçoit pas les choses de l'Esprit de Dieu, car elles sont une folie pour lui, et il ne peut les connaître, parce que c'est spirituellement qu'on en juge.»*

En réalité, une personne sans le Saint-Esprit ne peut comprendre ni accepter les vérités spirituelles. Le Saint-Esprit illumine l'esprit et révèle la vérité de la Parole de Dieu.

De plus, 2 Corinthiens 4:3-4 décrit l'aveuglement spirituel qui empêche beaucoup de gens de voir l'Évangile: *«Si notre Évangile est encore voilé, il est voilé pour ceux qui périssent; pour les incrédules dont le dieu de ce siècle a aveuglé l'intelligence, afin qu'ils ne vissent pas briller la splendeur de l'Évangile de la gloire de Christ, qui est l'image de Dieu.»*

Ce passage révèle que le scepticisme naît souvent parce que Satan, « le dieu de ce monde », a aveuglé les incroyants, les empêchant de reconnaître la vérité du Christ.

2 Thessaloniciens 2:10-12 explique plus en détail la racine du scepticisme, de l'illusion et du jugement dernier: *«Et avec toutes les séductions de l'injustice pour ceux qui périssent parce qu'ils n'ont pas reçu l'amour de la vérité pour être sauvés. C'est pourquoi Dieu leur envoie une puissance d'illusion, pour qu'ils croient au mensonge, afin que tous ceux qui n'ont pas cru à la vérité, mais qui ont pris plaisir à l'injustice, soient condamnés.»*

Ce passage nous avertit que rejeter la vérité de l'Évangile mène à la tromperie et, finalement, à la destruction. Plus une personne résiste à la vérité de Dieu, plus elle sombre dans l'illusion spirituelle.

Encouragement pour les Sceptiques

Bien que le scepticisme puisse être un obstacle à la foi, il n'est pas impossible d'atteindre un sceptique. Si un sceptique est disposé à chercher la vérité avec un cœur ouvert, Dieu est fidèle et se révèle. Jésus a dit dans Jean 7:17: *«Si quelqu'un veut faire sa volonté, il connaîtra si ma doctrine est de Dieu, ou si je parle de mon propre chef.»*

Encouragez les sceptiques à chercher Dieu sincèrement, à lire sa Parole et à lui demander de révéler la vérité. Le Saint-Esprit est prêt à leur ouvrir les yeux s'ils sont disposés à le recevoir.

Le Danger de Rejeter la Vérité

Si nous persistons à rejeter la vérité de la Parole de Dieu, les Écritures nous avertissent que Dieu enverra une «puissance d'égarement». Cela signifie que ceux qui refusent d'accepter la vérité embrasseront inévitablement le mensonge et la fausseté, ce qui entraînera leur condamnation.

2 Thessaloniciens 2:10-12 déclare: *«Et avec toutes les séductions de l'injustice pour ceux qui périssent parce qu'ils n'ont pas reçu l'amour de la vérité pour être sauvés. C'est pourquoi Dieu leur envoie une puissance d'égarement, pour qu'ils croient au mensonge, afin que tous ceux qui n'ont pas cru à la vérité, mais qui ont pris plaisir à l'injustice, soient condamnés.»*

Pasteure Dr. Claudine Benjamin

Ce passage sert d'avertissement: ceux qui rejettent la vérité de Dieu seront de plus en plus trompés, croyant à des mensonges qui mènent à la destruction éternelle.

Les Terribles Conséquences de l'Incrédulité

Jésus lui-même a mis en garde contre le sort de ceux qui refusent de croire en lui. Dans Jean 8:21-24, il déclare: *«Jésus leur dit de nouveau: Je m'en vais, et vous me chercherez, et vous mourrez dans vos péchés; vous ne pouvez venir où je vais.» Les Juifs dirent alors: «Se tuera-t-il lui-même? Car il dit: Vous ne pouvez venir où je vais.» Il leur répondit: «Vous êtes d'en bas; moi, je suis d'en haut; vous êtes de ce monde; moi, je ne suis pas de ce monde.» Je vous ai donc dit que vous mourrez dans vos péchés; car si vous ne croyez pas ce que je suis, vous mourrez dans vos péchés.»*

Ce passage souligne les conséquences graves et éternelles du rejet de Jésus. C'est un choix crucial: l'accepter comme Seigneur mène à la vie, mais le rejeter entraîne une séparation éternelle d'avec Dieu.

La Racine du Scepticisme

Jean 5:44 met en lumière l'une des principales raisons pour lesquelles les gens luttent contre l'incrédulité: *«Comment pouvez-vous croire, vous qui recevez de l'honneur les uns des autres, et qui ne recherchez pas l'honneur qui vient de Dieu seul?»*

Beaucoup rejettent le Christ parce qu'ils accordent plus d'importance à l'approbation des hommes qu'à celle de Dieu. La peur du rejet, l'orgueil et les pressions sociales deviennent souvent des obstacles à l'acceptation de Jésus comme véritable source de valeur et de salut.

Une utilisation prudente du Psaume 14:1

Dans certains cas, le Psaume 14:1 peut être pertinent, même s'il doit être partagé avec beaucoup de soin, de sincérité et de tendresse: *«L'insensé dit en son cœur: Il n'y a point de Dieu! Ils se sont corrompus, ils ont commis des actions abominables; Il n'en est aucun qui fasse le bien.»*

Ce verset révèle qu'une profonde corruption du cœur peut conduire au reniement total de Dieu. Satan désire maintenir les gens dans un état de rébellion, où ils rejettent la vérité pour éviter de rendre des comptes à leur Créateur. Ceux qui nient complètement l'existence de Dieu le font souvent parce qu'ils refusent de reconnaître son autorité sur leur vie.

Un Appel à Choisir Judicieusement

Rejeter Jésus-Christ n'est pas une mince affaire, mais une décision aux conséquences éternelles. Comme le recommande Hébreux 3:15: *«Aujourd'hui, si vous entendez sa voix, n'endurcissez pas vos cœurs.»*

Les sceptiques doivent reconnaître que Dieu les appelle au salut, et ignorer sa voix mène à une dangereuse tromperie. Ceux qui cherchent vraiment la vérité la trouveront.

Le Scepticisme et l'Autorité de la Parole de Dieu

Le scepticisme n'est pas le véritable problème de l'homme; c'est le péché. Même si une personne abandonne le scepticisme, son problème profond demeure, à moins qu'elle n'accepte Jésus-Christ. Lorsqu'une personne vient à Christ, ses doutes commencent à se dissiper.

Romains 3:3-4 précise que remettre en question la vérité ne la change pas: *«Et si quelques-uns n'ont pas cru, leur incrédulité anéantira-t-elle la fidélité de Dieu? Loin de là! Que Dieu, au contraire, soit reconnu pour vrai, et tout homme pour menteur, selon qu'il est écrit: Afin que tu sois trouvé juste dans tes paroles, Et que tu triomphes lorsqu'on te juge.»*

Un autre verset puissant que le Saint-Esprit utilise souvent pour convaincre les sceptiques est Matthieu 24:35: *«Le ciel et la terre passeront, mais mes paroles ne passeront point.»* Ce verset nous rassure sur la certitude et l'immuabilité de la Parole de Dieu.

Le témoignage du Christ dans l'Ancien et le Nouveau Testament

Certains sceptiques prétendent accepter l'autorité du Christ tout en rejetant l'Ancien Testament. Cependant, Jésus lui-même a affirmé que l'Ancien Testament est la Parole de Dieu:

- *Marc 7:13, «annulant ainsi la parole de Dieu par votre tradition, que vous avez établie. Et vous faites beaucoup d'autres choses semblables.»*

- *Matthieu 5:18, «Car, je vous le dis en vérité, tant que le ciel et la terre ne passeront point, il ne disparaîtra pas de la loi un seul iota ou un seul trait de lettre, jusqu'à ce que tout soit arrivé.»*

- *Jean 10:35, «Si elle a appelé dieux ceux à qui la parole de Dieu a été adressée, et si l'Écriture ne peut être anéantie.»*

Ces versets montrent que le Christ a pleinement approuvé l'Ancien Testament. Si nous acceptons l'autorité du Christ, nous devons également accepter celle de l'Ancien Testament.

De même, Jésus a également confirmé l'autorité du Nouveau Testament:

- *Jean 14:26, «Mais le consolateur, l'Esprit Saint, que le Père enverra en mon nom, vous enseignera toutes choses, et vous rappellera tout ce que je vous ai dit.»*

- *Jean 16:12-13: «J'ai encore beaucoup de choses à vous dire, mais vous ne pouvez pas les porter maintenant. Quand le consolateur sera venu, l'Esprit de vérité, il vous conduira dans toute la vérité; car il ne parlera pas de lui-même, mais il dira tout ce qu'il aura entendu, et il vous annoncera les choses à venir.»*

Ces passages affirment que le Saint-Esprit a guidé les apôtres dans la rédaction du Nouveau Testament, assurant son inspiration divine.

Les enseignements de Paul comme Parole de Dieu

Certains sceptiques prétendent que Paul n'a jamais affirmé que ses enseignements étaient la Parole de Dieu, mais 1 Thessaloniciens 2:13 réfute cela: *«C'est pourquoi nous rendons continuellement grâces à Dieu de ce qu'en recevant la parole de Dieu, que nous vous avons fait entendre, vous l'avez reçue, non comme la parole des hommes, mais, ainsi qu'elle l'est véritablement, comme la parole de Dieu, qui agit en vous qui croyez.»*

D'autres passages confirment l'origine divine des Écritures:

- *2 Pierre 1:21, «car ce n'est pas par une volonté d'homme qu'une prophétie a jamais été apportée, mais c'est poussés par le Saint Esprit que des hommes ont parlé de la part de Dieu.»*

- *Jean 8:47, «Celui qui est de Dieu, écoute les paroles de Dieu; vous n'écoutez pas, parce que vous n'êtes pas de Dieu.»*

Dans Luc 16:30-31, Jésus souligne que si les gens ne croient pas à la Parole de Dieu, même les miracles ne les convaincront pas.

La réalité de la Vie Après la Mort

Chacun doit accepter la réalité de la vie après la mort. La Bible enseigne clairement cette vérité:

- *1 Corinthiens 15:35-36, «Mais quelqu'un dira: Comment les morts ressuscitent-ils? Et avec quel corps reviennent-ils? Insensé! Ce que tu sèmes ne reprend pas vie s'il ne meurt.»*

- *Jean 5:28-29, «Ne vous étonnez pas de cela; car l'heure vient où tous ceux qui sont dans les sépulcres entendront sa voix, et en sortiront. Ceux qui auront fait le bien ressusciteront pour la vie, mais ceux qui auront fait le mal ressusciteront pour le jugement.»*

- *Daniel 12:2, «Plusieurs de ceux qui dorment dans la poussière de la terre se réveilleront, les uns pour la vie éternelle, et les autres pour l'opprobre, pour la honte éternelle.»*

La Réalité du Châtiment Éternel

Certains doutent de la doctrine du châtiment éternel, mais les Écritures sont claires à ce sujet. Apocalypse 21:8 décrit ceux qui subiront la seconde mort: *«Mais pour les lâches, les incrédules, les abominables, les meurtriers, les impudiques, les enchanteurs, les idolâtres, et tous les menteurs, leur part sera dans l'étang ardent de feu et de soufre, ce qui est la seconde mort.»*

Apocalypse 17:8 et 20:10 précisent davantage que cette punition est éternelle:

- *Apocalypse 17:8a: «La bête que tu as vue était, et elle n'est plus. Elle doit monter de l'abîme, et aller à la perdition.»*

- *Apocalypse 20:10: «Et le diable, qui les séduisait, fut jeté dans l'étang de feu et de soufre, où sont la bête et le faux prophète. Ils seront tourmentés jour et nuit, aux siècles des siècles.»*

Ces passages confirment que ceux qui rejettent Dieu ne cessent pas simplement d'exister: ils sont confrontés au jugement éternel.

Le Livre de la Vie et le Jugement Dernier

- Seuls ceux dont le nom est écrit dans le livre de vie seront sauvés. (voir Apocalypse 13:7-8).

- Jésus nous met en garde contre le jugement après la mort: *«Craignez celui qui, après avoir tué, a le pouvoir de jeter dans la géhenne;»* (voir Luc 12:5).

- Le péché de blasphème contre le Saint-Esprit est impardonnable et entraîne la damnation éternelle. (voir Marc 3:28-29).

- Jésus met en garde contre un jugement sévère: *«Mieux vaudrait pour cet homme qu'il ne fût pas né.»* (voir Marc 14:21).

L'Enfer est un Lieu d'Existence Consciente

Certains soutiennent que l'enfer n'est qu'une annihilation, mais les Écritures enseignent le contraire:

- *2 Pierre 2:4, «Car, si Dieu n'a pas épargné les anges qui ont péché, mais s'il les a précipités dans les abîmes de ténèbres et les réserve pour le jugement.»*

- *Jude 6: «Et les anges qui n'ont pas conservé leur dignité, mais qui ont abandonné leur propre demeure, il les a réservés pour le jugement du grand jour, dans des liens éternels et dans les ténèbres.»*

L'enfer n'est pas un endroit où les gens cessent d'exister, c'est un endroit où ils sont maintenus en vie pour le jugement de Dieu.

Le Choix Critique

Rejeter la Parole de Dieu entraîne des conséquences éternelles. Les sceptiques peuvent remettre en question les Écritures, mais leurs doutes ne changent pas la vérité. Jésus appelle chacun à prendre une décision, *«Aujourd'hui, si vous entendez sa voix, n'endurcissez pas vos cœurs.» (Hébreux 3:15)*.

Ceux qui cherchent la vérité avec un cœur ouvert la trouveront, car Jésus a promis: *«Si quelqu'un veut faire sa volonté, il connaîtra si la doctrine est de Dieu…» (Jean 7:17).*

Le choix est clair: accepter Jésus-Christ et sa Parole ou faire face à une séparation éternelle d'avec Dieu.

La Bible avertit à plusieurs reprises que rejeter Jésus-Christ entraîne des conséquences éternelles. Les Écritures fournissent des preuves claires de la réalité du jugement divin et de l'incompatibilité entre honorer le Fils et honorer le Père.

Hébreux 10:28-29 indique clairement que si la punition sous la loi mosaïque était sévère, rejeter Jésus-Christ entraîne une condamnation encore plus grande, *«Celui qui a méprisé la loi de Moïse est mort sans miséricorde sur la déposition de deux ou trois témoins. De quel pire châtiment pensez-vous qu'il soit jugé digne celui qui aura foulé aux pieds le Fils de Dieu, qui aura tenu pour profane le sang de l'alliance, par lequel il a été sanctifié, et qui aura outragé l'Esprit de la grâce?»*

Jésus lui-même a confirmé que le jugement final sera sévère, comme indiqué dans Matthieu 25:41: *«Alors il dira aussi à ceux qui seront à sa gauche: Retirez-vous de moi, maudits; allez dans le feu éternel qui a été préparé pour le diable et pour ses anges.»*

Cela concorde avec **Apocalypse 9:20** et **Apocalypse 21:10**, qui décrivent le sort ultime de ceux qui suivent la bête, le faux prophète et Satan: le tourment éternel.

Pasteure Dr. Claudine Benjamin

La Nécessité d'Honorer Le Fils

Jean 5:23b souligne que *«Celui qui n'honore pas le Fils n'honore pas le Père qui l'a envoyé.»*

Nier la divinité du Christ, c'est rejeter Dieu lui-même. 1 Jean 2:22-23 met en garde contre un tel déni: *«Qui est menteur, sinon celui qui nie que Jésus est le Christ? Celui-là est l'antéchrist, qui nie le Père et le Fils. Quiconque nie le Fils n'a pas non plus le Père; quiconque confesse le Fils a aussi le Père.»*

La foi en Jésus comme Fils de Dieu est le fondement du salut:

- *1 Jean 5:1a, «Quiconque croit que Jésus est le Christ est né de Dieu.»*

- *1 Jean 5:5: «Qui est celui qui a vaincu le monde, sinon celui qui croit que Jésus est le Fils de Dieu?»*

Rejeter le Christ n'est pas seulement de l'incrédulité, c'est faire de Dieu un menteur. 1 Jean 5:10-12 déclare: *«Celui qui croit au Fils de Dieu a ce témoignage en lui-même; celui qui ne croit pas Dieu le fait menteur, puisqu'il ne croit pas au témoignage que Dieu a rendu à son Fils. Et voici ce témoignage, c'est que Dieu nous a donné la vie éternelle, et que cette vie est dans son Fils. Celui qui a le Fils a la vie; celui qui n'a pas le Fils de Dieu n'a pas la vie.»*

Ce passage montre clairement que le salut et la vie éternelle ne se trouvent qu'en Christ.

La Conséquence Éternelle du Rejet du Christ

Jésus lui-même a mis en garde contre les conséquences fatales du refus de croire en lui:

- *Jean 8:24, – «C'est pourquoi je vous ai dit que vous mourrez dans vos péchés; car si vous ne croyez pas ce que je suis, vous mourrez dans vos péchés.»*

Ceux qui rejettent Jésus demeurent spirituellement morts et risquent la séparation éternelle d'avec Dieu. La seule façon d'être sauvé est par la foi en la divinité du Christ. Comme Jean 5:24 nous l'assure: *«En vérité, en vérité, je vous le dis, celui qui écoute ma parole, et qui croit à celui qui m'a envoyé, a la vie éternelle et ne vient point en jugement, mais il est passé de la mort à la vie.»*

L'Appel à Croire

La Bible présente un choix clair: croire en Jésus-Christ et recevoir la vie éternelle, ou le rejeter et affronter la séparation éternelle d'avec Dieu. Les Écritures sont inébranlables dans leur message:

- **Il n'y a pas de salut en dehors du Christ.**
- **Le rejeter conduit à un jugement certain.**
- **La foi en Lui apporte la vie éternelle.**

Comme nous le rappelle Hébreux 3:15: *«Aujourd'hui, si vous entendez sa voix, n'endurcissez pas vos cœurs.»* C'est le moment de croire et de recevoir le don de la vie éternelle par Jésus-Christ.

Chapitre 12

Objections à l'idée d'amener des âmes à Christ

Lors du partage de l'Évangile, de nombreuses personnes soulèvent des objections, remettant notamment en question la justice de Dieu. Elles peuvent prétendre que Dieu est injuste ou cruel. Cependant, de telles accusations relèvent d'une perspective humaine limitée.

Questionner la justice de Dieu

Accuser Dieu d'injustice revient, en substance, à remettre en question son autorité et sa sagesse. La Bible aborde directement ce type de raisonnement:

- Job, après avoir interrogé Dieu, reconnaît finalement la sagesse infinie de Dieu et se repent d'avoir parlé sans comprendre. (voir Job 42:1-6).

- **Romains 9:20** – *«Mais toi, ô homme, qui es-tu, toi qui contestes avec Dieu? L'animal d'argile dira-t-il à celui qui l'a formé: Pourquoi m'as-tu fait ainsi?»*

Pasteure Dr. Claudine Benjamin

Ce verset de l'épître aux Romains est une réprimande directe adressée à ceux qui contestent l'autorité de Dieu. En tant que créatures, nous ne sommes pas en position de juger le Créateur.

De même, Romains 11:33 explique pourquoi les voies de Dieu peuvent sembler difficiles à comprendre: *«Ô profondeur de la richesse, de la sagesse et de la science de Dieu! Que ses jugements sont insondables, et ses voies insondables!»*

Les voies de Dieu dépassent l'entendement humain, et sa justice est parfaite. Le problème ne vient pas de Dieu, mais de notre compréhension limitée.

La Discipline de Dieu et la Souffrance Humaine

Certaines personnes refusent de se convertir à Christ en raison de leurs souffrances personnelles, croyant que Dieu est injuste en permettant les épreuves. Cependant, **Hébreux 12:5,7,10-11** offre une perspective importante:

- *Hébreux 12:5, «Et vous avez oubliez l'exhortation qui vous est adressée comme à des fils: Mon fils, ne méprise pas le châtiment du Seigneur, Et ne perds pas courage lorsqu'il te reprend.»*

- *Hébreux 12:7, «Supportez le châtiment: c'est comme des fils que Dieu vous traite; car quel est le fils qu'un père ne châtie pas?»*

- *Hébreux 12:10-11: «Nos pères nous châtiaient pour peu de jours, comme ils le trouvaient bon; mais Dieu nous châtie pour notre bien, afin que nous participions à sa sainteté. Il est vrai que tout châtiment semble d'abord un sujet de tristesse, et non de joie; mais il produit plus tard pour ceux qui ont été ainsi exercés un fruit paisible de justice.»*

Ce passage explique que la souffrance est souvent une forme de discipline et de raffinement destinée à rapprocher les gens de Dieu. Plutôt que de considérer les épreuves comme de la cruauté, il faut les considérer comme une opportunité de croissance spirituelle.

Un Appel à Faire Confiance à La Sagesse de Dieu

En fin de compte, les objections à la justice de Dieu naissent d'un manque de confiance en son plan parfait. L'Écriture nous encourage à nous soumettre à la sagesse de Dieu et à accepter que ses voies sont toujours justes.

- *Proverbes 3:5-6: «Confie-toi en l'Éternel de tout ton cœur, et ne t'appuie pas sur ta sagesse. Reconnais-le dans toutes tes voies, et il aplanira tes sentiers.»*

Au lieu de remettre en question les voies de Dieu, le véritable défi est de lui faire confiance. Sa justice est certaine, son amour est immuable et son désir est que tous parviennent à la repentance et au salut.

Lorsque vous conduisez des âmes au Christ, attendez-vous à des objections concernant la justice de Dieu. Mais rappelez-vous:

- **La justice de Dieu est parfaite** – même si elle semble au-delà de la compréhension humaine.

- **La souffrance a un but**: elle peut être un outil de croissance spirituelle et de discipline.

- **La foi exige la confiance** – Au lieu de questionner Dieu, nous devrions le chercher avec humilité.

Encouragez ceux qui luttent contre ces objections à rechercher la vérité de Dieu à travers Sa Parole et à faire confiance à Son plan divin.

Beaucoup soutiennent que Dieu est injuste d'avoir créé les hommes uniquement pour les détruire. Cependant, les Écritures réfutent catégoriquement cette affirmation. Ézéchiel 33:11 déclare: *«Dis-leur: Je suis vivant! dit le Seigneur, l'Éternel, je ne désire pas la mort du méchant, mais qu'il change de conduite et qu'il vive. Revenez, revenez de votre mauvaise voie! Car pourquoi mourriez-vous, maison d'Israël?»*

Ce passage le montre clairement: Dieu ne prend pas plaisir à la destruction des méchants. Il désire plutôt qu'ils se repentent et vivent. La damnation éternelle n'est pas imposée par l'injustice de Dieu, mais résulte du refus obstiné des hommes de se repentir.

1 Timothée 2:3-4 souligne en outre que Dieu ne crée pas les gens simplement pour les condamner: *«Car cela est bon et agréable devant Dieu notre Sauveur, qui veut que tous les hommes soient sauvés et parviennent à la connaissance de la vérité.»*

De même, 2 Pierre 3:9 nous assure: *«Le Seigneur ne tarde pas dans l'accomplissement de la promesse, comme quelques-uns le croient; mais il use de patience envers vous, ne voulant pas qu'aucun périsse, mais voulant que tous arrivent à la repentance.»*

La cause de la damnation de l'homme est son rejet volontaire et persistant du Christ. Jésus lui-même a réprimandé le refus des hommes de venir à lui dans Jean 5:40: *«Et vous ne voulez pas venir à moi pour avoir la vie.»*

De même, dans Matthieu 23:37, il déplore le rejet de Jérusalem: *«Jérusalem, Jérusalem, toi qui tues les prophètes et qui lapides ceux qui te sont envoyés, combien de fois ai-je voulu rassembler tes enfants, comme une poule rassemble ses poussins sous ses ailes, et vous ne l'avez pas voulu!»*

Répondre aux Allégations de Contradictions

La Bible est souvent critiquée pour être contradictoire ou irrationnelle. Pourtant, les Écritures expliquent pourquoi les non-croyants la perçoivent ainsi.

1 Corinthiens 1:18: «Car la prédication de la croix est une folie pour ceux qui périssent; mais pour nous qui sommes sauvés, elle est la puissance de Dieu.»

1 Corinthiens 2:14, «Mais l'homme animal ne reçoit pas les choses de l'Esprit de Dieu, car elles sont une folie pour lui, et il ne peut les connaître, parce que c'est spirituellement qu'on en juge.»

2 Corinthiens 4:3-4, «Si notre Évangile est encore voilé, il est voilé pour ceux qui périssent; pour les incrédules dont le dieu de ce siècle a aveuglé l'intelligence, afin qu'ils ne vissent pas briller la splendeur de l'Évangile de la gloire de Christ, qui est l'image de Dieu.»

Daniel 12:10 confirme que les méchants ne comprendront pas: «*Plusieurs seront purifiés, blanchis et éprouvés; mais les méchants feront le mal; et aucun des méchants ne comprendra, mais les sages comprendront.*»

Pour les cas extrêmes, des passages supplémentaires tels que 2 Thessaloniciens 2:10-12, Psaume 25:14 et Matthieu 11:25 apportent un éclairage supplémentaire.

2 Thessaloniciens 2:10-12 décrit ceux qui rejettent la vérité: «*Et avec toutes les séductions de l'injustice pour ceux qui périssent parce qu'ils n'ont pas reçu l'amour de la vérité pour être sauvés. C'est pourquoi Dieu leur envoie une puissance d'égarement, pour qu'ils croient au mensonge, afin que tous ceux qui n'ont pas cru à la vérité, mais qui ont pris plaisir à l'injustice, soient condamnés.*»

Le Psaume 25:14 révèle que Dieu se fait connaître à ceux qui le craignent: «*Le secret de l'Éternel est pour ceux qui le craignent; et il leur fera connaître son alliance.*»

Matthieu 11:25 montre que Dieu révèle la vérité aux humbles: «*En ce temps-là, Jésus répondit: Je te loue, Père, Seigneur du ciel et de la terre, de ce que tu as caché ces choses aux sages et aux intelligents, et de ce que tu les as révélées aux enfants.*»

Un moyen efficace de contrer ceux qui prétendent que la Bible est contradictoire est de leur remettre une Bible et de leur demander de donner un exemple. La plupart du temps, ils n'oseront pas le faire. Nombre de ceux qui critiquent la Bible le font sans l'avoir lue.

L'urgence de gagner des âmes

Pourquoi Jésus a-t-il dû Mourir?

Une objection courante est: *pourquoi Jésus a-t-il dû mourir? Dieu n'aurait-il pas pu sauver les gens d'une autre manière?*

Les Écritures nous apportent la réponse. Ésaïe 55:8-9 nous rappelle que les voies de Dieu dépassent l'entendement humain: *«Car mes pensées ne sont pas vos pensées, et vos voies ne sont pas mes voies, dit l'Éternel. Autant les cieux sont élevés au-dessus de la terre, autant mes voies sont élevées au-dessus de vos voies, et mes pensées au-dessus de vos pensées.»*

Romains 9:20 réprimande ceux qui contestent l'autorité de Dieu: *«O homme, toi plutôt, qui es-tu pour contester avec Dieu? Le vase d'argile dira-t-il à celui qui l'a formé: Pourquoi m'as-tu fait ainsi?»* Dieu, dans sa parfaite sagesse, a voulu que le salut vienne par la mort sacrificielle de son Fils. Au lieu de nous demander pourquoi, nous devrions être émerveillés par sa miséricorde et sa grâce.

Ces passages invitent les gens à faire confiance au plan de Dieu plutôt qu'à remettre en question ses actions. Il détient l'autorité suprême sur toutes choses.

Souvent, lorsque nous exhortons les autres à accepter Christ comme leur Sauveur, ils répondent en disant: *«Il y a trop d'hypocrites dans l'Église.»*

Romains 14:4 et 14:12 abordent directement cette question. Ces versets nous rappellent que juger les autres n'est pas notre rôle; nous devons plutôt nous concentrer sur notre propre relation avec Dieu. Le verset 12 est clair: chacun de nous rendra compte de ses actes à Christ, et non à d'autres.

Romains 2:1 renforce encore ce point, en avertissant que ceux qui jugent les autres sont coupables des mêmes péchés.

C'est le Moment

Beaucoup de gens retardent leur décision de se convertir au Christ. Ils disent: *«Je veux attendre.» «Pas ce soir»* ou *«J'y réfléchirai»*.

Ésaïe 55:6 nous exhorte à: *«Cherchez l'Éternel pendant qu'il se trouve; invoquez-le, tandis qu'il est près.»* De même, Proverbes 29:1 nous met en garde contre le danger d'ignorer la correction de Dieu: *«Un homme qui mérite d'être repris, et qui raidit le cou, Sera brisé subitement et sans remède.»*

Certains hésitent, prétextant qu'ils sont trop jeunes ou qu'ils décideront plus tard. Ecclésiaste 12:1 apporte une réponse claire: *«Souviens-toi de ton Créateur pendant les jours de ta jeunesse, avant que les jours mauvais arrivent et que les années s'approchent où tu diras: Je n'y prends point de plaisir.»*

Matthieu 19:14 et 18:3 soulignent également que la jeunesse est le meilleur moment pour venir à Christ. Jésus lui-même a enseigné que nous devons devenir comme des petits enfants pour entrer dans le royaume des cieux.

Lorsqu'on s'adresse à ceux qui tardent à prendre leur décision, il peut être efficace d'utiliser les mêmes passages qui remettent en question l'indifférence. L'objectif est de leur faire comprendre leur besoin de Christ afin qu'ils ne soient plus disposés à reporter leur décision.

Parfois, se concentrer sur un seul passage biblique et le répéter avec conviction peut s'avérer très efficace. J'ai un jour discuté avec quelqu'un qui me disait ne pas avoir réussi à se décider ce soir-là. J'ai simplement cité le Psaume 29:1: *«Rendez à l'Éternel, Rendez à l'Éternel gloire et honneur!»*

Chapitre 13

†

Plein d'excuses

Beaucoup de gens sont obstinés et invoquent des excuses. Ils disent souvent: *«Je n'ai pas envie de parler maintenant.»* Dans ce cas, il est souvent préférable de partager un passage des Écritures, puis de prendre du recul et de laisser la Parole de Dieu parler à leur cœur. Voici quelques passages puissants à cet effet:

- *Romains 6:23: «Car le salaire du péché, c'est la mort; mais le don gratuit de Dieu, c'est la vie éternelle en Jésus-Christ notre Seigneur.»*

- *Hébreux 10:28-29, «Celui qui a violé la loi de Moïse meurt sans miséricorde, sur la déposition de deux ou de trois témoins; de quel pire châtiment pensez-vous que sera jugé digne celui qui aura foulé aux pieds le Fils de Dieu, qui aura tenu pour profane le sang de l'alliance, par lequel il a été sanctifié, et qui aura outragé l'Esprit de la grâce?»*

- *Marc 16:16: «Celui qui croira et qui sera baptisé sera sauvé, mais celui qui ne croira pas sera condamné.»*

- *Proverbes 29:1 : «Un homme qui mérite d'être repris, et qui raidit le cou, Sera brisé subitement et sans remède.»*

L'Excuse du Manque de Pardon

D'autres protesteront peut-être : *«Je ne peux pardonner à personne.»* Mais l'Écriture est claire : le pardon n'est pas facultatif. Matthieu 6:15 nous avertit : *« Mais si vous ne pardonnez pas aux hommes, votre Père ne vous pardonnera pas non plus vos offenses.»*

Jésus illustre encore cette vérité dans Matthieu 18:23-35, la parabole du serviteur impitoyable, montrant que ceux qui refusent de pardonner seront confrontés au jugement.

Certains peuvent penser que le pardon est impossible, mais Philippiens 4:13 offre une assurance : *«Je peux tout par celui qui me fortifie.»* Dans Ézéchiel 36:26, Dieu promet une transformation : *«Je vous donnerai un cœur nouveau, et je mettrai en vous un esprit nouveau; j'ôterai de votre corps le cœur de pierre, et je vous donnerai un cœur de chair.»*

Nombreux sont ceux qui sont éloignés du Christ par un esprit impitoyable. Parfois, la clé pour surmonter cela est simplement de les guider dans la prière, de les encourager à s'agenouiller et à demander à Dieu de dissiper leur amertume.

Certains admettent : *«J'aime trop le monde.»* Marc 8:36 est un excellent passage à partager avec eux : *«Et que sert-il à un homme de gagner tout le monde, s'il perd son âme?»*

Luc 12:16–20 met en garde contre la folie de placer sa confiance dans les richesses terrestres. De plus, 1 Jean 2:15–17 met en garde contre l'amour du monde, rappelant que les désirs terrestres sont éphémères. Cependant, le Psaume 84:11 et Romains 8:32 promettent que Dieu ne refusera aucun bien à ses enfants.

Excuses pour Éviter la Confession

Certains reconnaissent leurs torts, mais hésitent à les confesser. Proverbes 28:13 déclare: *«Celui qui cache ses péchés ne prospère point, mais celui qui les confesse et les délaisse obtient miséricorde.»*

Ce verset révèle la souffrance qui suit un péché non confessé. D'autres pourraient dire: *«Je ne veux pas faire de confession publique.»* Cependant, Romains 10:9 et Matthieu 10:32-33 précisent clairement que la confession est nécessaire: *«C'est pourquoi, quiconque me confessera devant les hommes, je le confesserai aussi devant mon Père qui est dans les cieux. Mais quiconque me reniera devant les hommes, je le renierai aussi devant mon Père qui est dans les cieux.»*

Marc 8:38 nous met également en garde contre le danger d'avoir honte du Christ: *«Car quiconque aura honte de moi et de mes paroles au milieu de cette génération adultère et pécheresse, le Fils de l'homme aura aussi honte de lui, quand il viendra dans la gloire de son Père, avec les saints anges.»*

Proverbes 24:25 nous rappelle que ceux qui répriment le péché recevront la bénédiction: *«Mais ceux qui le châtient s'en trouvent bien, Et le bonheur vient sur eux comme une bénédiction.»*

Pasteure Dr. Claudine Benjamin

Vouloir Faire sa Propre Voie

Certains disent: *«Je veux faire à ma guise.»* Mais Ésaïe 55:8-9 nous rappelle que la voie de Dieu est bien plus grande que la nôtre: *«Car mes pensées ne sont pas vos pensées, et vos voies ne sont pas mes voies, dit l'Éternel. Autant les cieux sont élevés au-dessus de la terre, autant mes voies sont élevées au-dessus de vos voies, et mes pensées au-dessus de vos pensées.»*

Proverbes 14:12 nous met en garde contre le danger de suivre notre propre voie: *« Telle voie paraît droite à un homme, Mais son issue, c'est la voie de la mort.»*

Refuser de Prendre Position

Certains refusent de prendre une décision, affirmant: *« Je n'accepte ni ne rejette le Christ.»* Mais Jésus ne laisse aucune place à la neutralité. Matthieu 12:30 déclare: *«Celui qui n'est pas avec moi est contre moi, et celui qui n'assemble pas avec moi disperse.»*

Ce verset a contribué à convaincre de nombreuses personnes.

Le Pratiquant qui a Confiance en son Appartenance à l'Église

Certains croient être sauvés simplement parce qu'ils vont à l'église. Un moyen efficace d'atteindre une telle personne est de lui montrer la nécessité de la nouvelle naissance. Ézéchiel 36:25-27 décrit cette transformation, et 2 Corinthiens 5:17 affirme: *«Si quelqu'un est en Christ, il est une nouvelle créature. Les choses anciennes sont passées; voici, toutes choses sont devenues nouvelles.»*

L'urgence de gagner des âmes

De même, 2 Pierre 1:4 nous rappelle qu'être en Christ signifie devenir participants de la nature divine. Le véritable salut ne réside pas dans l'appartenance à une église, mais dans la nouvelle naissance.

Beaucoup de gens fréquentent régulièrement l'église et supposent que la «nouvelle naissance» désigne le baptême. Or, il est clair que cela signifie bien plus que cela. Dans *1 Corinthiens 4:15*, Paul dit aux chrétiens de Galatie: *«Je vous ai engendrés par l'Évangile.»* Si la nouvelle naissance avait signifié le baptême, Paul les aurait baptisés lui-même. Pourtant, dans *1 Corinthiens 1:14*, il déclare: *«Je rends grâces à Dieu de ce que je n'ai baptisé aucun de vous, excepté Crispus et Gaïus.»* Cette distinction souligne que la nouvelle naissance n'est pas simplement un baptême, mais quelque chose de plus profond.

Nous trouvons un autre exemple dans *Actes 8:13–21*. Simon le magicien crut et fut baptisé, mais plus tard, Pierre le réprimanda parce que son cœur n'était pas droit devant Dieu. Ce passage démontre qu'une personne peut être baptisée sans pour autant connaître une véritable transformation spirituelle. *Actes 8:23* le confirme: *«Car je vois que tu es dans un fiel amer et dans les liens de l'iniquité.»* De toute évidence, le baptême seul ne garantit pas le salut; la nouvelle naissance doit s'accompagner d'un véritable changement de cœur.

Pour comprendre ce qui constitue une véritable nouvelle naissance, nous devons examiner les preuves bibliques:

- *1 Jean 2:29, «Si vous savez qu'il est juste, sachez que quiconque pratique la justice est né de lui.»*

- *1 Jean 5:1–4, «Quiconque croit que Jésus est le Christ est né de Dieu... Car tout ce qui est né de Dieu triomphe du monde; et la victoire qui triomphe du monde, c'est notre foi.»*

Ces passages soulignent que la nouvelle naissance est caractérisée par la foi en Christ, l'amour pour Dieu, l'obéissance à ses commandements et la victoire sur le péché.

Comment puis-je Naître de Nouveau?

La réponse se trouve dans les Écritures:

- *1 Jean 5:12: «Celui qui a le Fils a la vie; et celui qui n'a pas le Fils de Dieu n'a pas la vie.»*

- *1 Pierre 1:23, «Étant régénérés, non par une semence corruptible, mais par une semence incorruptible, par la parole vivante et permanente de Dieu.»*

- *Jacques 1:18, «C'est selon sa volonté qu'il nous a engendrés par la parole de vérité, afin que nous soyons en quelque sorte les prémices de ses créatures.»*

La nouvelle naissance naît de la foi en Christ et du pouvoir transformateur de la Parole de Dieu. Il ne s'agit pas d'un simple rituel extérieur, mais d'un renouveau intérieur.

Le Besoin de Repentance

Le véritable salut exige la repentance, c'est-à-dire le fait de se détourner du péché.

- *Ésaïe 55:7 «Que le méchant abandonne sa voie, Et l'homme d'iniquité ses pensées; Qu'il retourne à l'Éternel, qui aura pitié de lui, A notre Dieu, qui ne se lasse pas de pardonner.»*

- *Jonas 3:10, «Dieu vit qu'ils agissaient ainsi et qu'ils revenaient de leur mauvaise voie. Alors Dieu se repentit du mal qu'il avait résolu de leur faire, et il ne le fit pas.»*

De nombreux fidèles manquent d'assurance quant au salut, espérant être pardonnés plutôt que de savoir qu'ils le sont. Pourtant, l'Écriture assure aux croyants la vie éternelle:

- *1 Jean 5:13, «Je vous ai écrit ces choses, afin que vous sachiez que vous avez la vie éternelle, vous qui croyez au nom du Fils de Dieu.»*

- *Jean 3:36, «Celui qui croit au Fils a la vie éternelle; celui qui ne croit pas au Fils ne verra point la vie, mais la colère de Dieu demeure sur lui.»*

Atteindre les Fidèles avec l'Évangile

Certains pensent qu'il est inutile d'évangéliser ceux qui comptent sur l'appartenance à l'Église pour leur salut. Pourtant, de nombreux fidèles recherchent quelque chose qu'ils n'ont pas trouvé dans leurs pratiques religieuses. Si nous leur montrons la vérité de la Parole de Dieu, ils viendront à Christ et deviendront des croyants convaincus.

Pour éveiller une personne à son besoin de salut, nous devons lui montrer son péché:

- *Matthieu 22:37-38: «Jésus lui répondit: Tu aimeras le Seigneur, ton Dieu, de tout ton cœur, de toute ton âme, et de toute ta pensée. C'est le premier et le plus grand commandement.»*

- *Ésaïe 53:6 «Nous étions tous errants comme des brebis, Chacun suivait sa propre voie; Et l'Éternel a fait retomber sur lui l'iniquité de nous tous. »*

Lorsqu'on a affaire à ceux qui sont trompés, il est sage de commencer par *Jean 7:17, «Si quelqu'un veut faire sa volonté, il connaîtra si ma doctrine vient de Dieu ou si je parle de mon propre chef.»* Les gens ne sortiront de l'illusion que s'ils désirent sincèrement connaître la vérité. Notre rôle est de les guider vers ce désir et de leur montrer le chemin vers le Christ.

Chapitre 14

Conseils pour gagner des âmes

Lorsque vous souhaitez partager l'Évangile, fiez-vous toujours à la direction du Saint-Esprit pour savoir à qui vous adresser. En général, il est conseillé de témoigner auprès de personnes de votre sexe et de votre âge. Bien que le Saint-Esprit puisse vous inciter à parler à une personne du sexe opposé, les chrétiens expérimentés s'accordent à dire que, dans la plupart des cas, les hommes sont plus efficaces pour exercer leur ministère auprès des hommes et les femmes auprès des femmes. Cela est particulièrement vrai pour les jeunes.

Malheureusement, des complications peuvent survenir lorsque des jeunes hommes tentent d'amener des jeunes femmes à Christ, ou inversement. Cependant, une femme âgée et maternelle peut être tout à fait apte à s'occuper d'un jeune homme ou d'un garçon, tout comme un homme âgé et paternel peut être efficace pour guider une jeune femme ou une jeune fille. De plus, il est généralement imprudent pour un croyant jeune ou inexpérimenté d'engager des discussions spirituelles avec une personne nettement plus âgée ou plus instruite.

Pasteure Dr. Claudine Benjamin

Dans la mesure du possible, partagez l'Évangile avec la personne en privé. La plupart des gens hésitent à ouvrir leur cœur sur un sujet aussi personnel et sacré en présence d'autres personnes. Nombreux sont ceux qui, par orgueil, résisteraient à la conviction devant leurs amis, reconnaîtront peut-être leur besoin de Christ lorsqu'on leur parle en tête-à-tête. Il est généralement plus efficace qu'un seul intervenant s'adresse à une personne non convertie à la fois plutôt que plusieurs intervenants s'adressent à une seule personne. Cependant, vous pouvez réussir à amener plusieurs personnes à Christ en vous adressant à elles individuellement.

Fiez-vous au Saint-Esprit et à la Parole de Dieu. Au lieu de simplement citer ou lire les Écritures à quelqu'un, encouragez-le à les lire lui-même. La vérité peut toucher son cœur par ses yeux et ses oreilles. Il est souvent plus efficace de mettre l'accent sur un seul verset, de le répéter et d'en discuter jusqu'à ce qu'il laisse une impression durable. Longtemps après la fin de votre conversation, il se peut qu'il résonne encore dans sa mémoire.

Il peut être puissant de pouvoir citer un verset précis de la Parole de Dieu et dire: *«Je sais que mes péchés sont pardonnés et que je suis un enfant de Dieu, grâce à cette promesse.»* Regrouper plusieurs passages sur un sujet particulier peut parfois avoir un impact puissant, convaincre l'esprit et adoucir le cœur.

Restez toujours concentré sur l'acceptation de Christ. Si la personne tente de détourner la conversation vers les différences confessionnelles, le baptême, les théories du châtiment éternel ou d'autres sujets secondaires, ramenez-la doucement à la question centrale: son besoin d'un Sauveur. Ces autres questions pourront être abordées après avoir pris sa décision concernant Christ. De nombreuses occasions de repentance ont été perdues parce que des ouvriers inexpérimentés se sont laissés distraire par des débats secondaires. Restez concentré et laissez le Saint-Esprit accomplir son œuvre.

Soyez Courtois

Par leur grossièreté ou leur impertinence, de nombreux chrétiens bien intentionnés mais indiscrets finissent par repousser ceux-là mêmes qu'ils espèrent conduire à Christ. Pourtant, il est possible d'être à la fois honnête et courtois. On peut souligner le péché d'une personne sans l'insulter. Une attitude douce permet à la vérité de pénétrer plus profondément, car elle ne suscite pas de résistance dans le cœur.

Des approches trop zélées peuvent amener les gens à se mettre sur la défensive, à se fermer et à rendre presque impossible toute communication avec eux. Au contraire, laissez votre gentillesse et votre sincérité ouvrir la porte à l'Évangile.

Soyez Sérieux

Seul un chrétien sincère peut véritablement transmettre la puissance et la vérité de la Parole de Dieu à un non-croyant. Avant d'utiliser les Écritures pour témoigner, laissez ces passages pénétrer profondément votre cœur. Prenez le temps de prier, de vous agenouiller devant Dieu et de méditer sur sa Parole jusqu'à en ressentir la puissance.

Paul a donné l'exemple de cette profonde sincérité en disant: *«Veillez donc, vous souvenant que, durant trois années, je n'ai cessé nuit et jour d'exhorter avec larmes chacun de vous.» (Actes 20:31).*

Une passion et une conviction authentiques sont bien plus efficaces que n'importe quel cours de formation ou livre d'étude.

Ne Perdez Jamais Votre Sang-Froid

Ne laissez jamais la frustration prendre le dessus lorsque vous conduisez une âme à Christ. Certaines personnes peuvent être exaspérées, mais la patience et la douceur peuvent briser même les cœurs les plus endurcis. Perdre son sang-froid nuit à votre témoignage et donne au non-croyant une excuse pour persister dans son péché.

Plus quelqu'un est irritant, plus votre réponse sera efficace si vous répondez gentiment à ses insultes. Souvent, ceux qui sont les plus difficiles au début reviennent ensuite avec humilité et repentir.

Évitez à tout prix les disputes passionnées. Les disputes viennent de la chair, et non de l'Esprit, comme le met en garde Galates 5:20: «*l'idolâtrie, la magie, les inimitiés, les querelles, les jalousies, les animosités, les disputes, les divisions, les sectes.*»

Au lieu de cela, nous devrions refléter le fruit de l'Esprit: «*Amour, joie, paix, patience, bonté, bénignité, fidélité, douceur, maîtrise de soi. La loi n'est pas contre ces choses.*» *(Galates 5:22-23)*

Les disputes trouvent souvent leur origine dans l'orgueil: le désir de «gagner» plutôt que de conduire quelqu'un à Christ. Si une personne a une croyance erronée qui doit être corrigée avant d'accepter l'Évangile, abordez-la avec calme et bienveillance. La vérité, dite avec amour, est bien plus efficace que le débat.

Ne Jamais Interrompre

N'interrompez jamais quelqu'un qui conduit une âme à Christ. Vous pourriez avoir l'impression qu'il ne s'en sort pas de la meilleure façon, mais attendez patiemment; vous aurez l'occasion de l'aider plus tard. Un travailleur inexpérimenté mais sincère a souvent conduit quelqu'un au bord de la décision, avant qu'une autre personne ne vienne perturber le moment.

En revanche, si vous êtes celui qui annonce l'Évangile, ne vous laissez pas interrompre. Un mot simple mais gentil peut éviter les distractions et permettre à la conversation de se poursuivre sereinement.

Ne Soyez Pas Pressé

L'une des plus grandes faiblesses du travail chrétien aujourd'hui est la précipitation. Nous désirons souvent des résultats rapides et, ce faisant, nous accomplissons un travail superficiel. Nombre de ceux qui ont suivi le Christ sont venus à lui lentement. Prenons l'exemple de Nicodème, de Joseph d'Arimathée, et même de Pierre et de Paul: si la conversion finale de Paul a semblé soudaine, sa transformation a pris du temps.

Paul lui-même passa trois jours dans l'aveuglement et la prière après avoir rencontré le Christ, avant de faire une confession de foi publique: *«Et maintenant, que tardes-tu? Lève-toi, sois baptisé, et lavé de tes péchés, en invoquant le nom du Seigneur.»* (Actes 22:16).

Une seule personne soigneusement formée et qui consacre sincèrement sa vie au Christ a bien plus de valeur qu'une douzaine de personnes qui se précipitent dans une prière rapide sans véritable compréhension. Il est souvent sage de planter une graine de vérité dans le cœur de quelqu'un et de lui laisser le temps de grandir.

Jésus a enseigné que les graines semées dans un sol peu profond et rocailleux peuvent germer rapidement, mais qu'elles faneront tout aussi vite. La véritable transformation prend racine dans des cœurs préparés. Soyez patients, faites confiance au Saint-Esprit et laissez Dieu accomplir son œuvre.

Le Pouvoir De La Prière Pour Gagner Des Âmes

Dans la mesure du possible, demandez à la personne dont vous témoignez de prier avec vous. La prière a le pouvoir de briser les barrières, d'adoucir les cœurs et d'amener les gens à la présence de Dieu. Nombreux sont ceux qui semblent réfractaires à l'Évangile qui ont été transformés par la puissance de la prière.

Si vous rencontrez des difficultés à gagner des âmes, confiez-les à Dieu dans la prière. Demandez-lui sagesse et conseils. Si vous avez du mal à utiliser les bons passages bibliques, étudiez la section de ce livre qui explique comment aborder différents types de personnes. Réfléchissez à votre expérience et, si possible, revenez en arrière et essayez à nouveau. Même lorsque nous sommes confrontés à des échecs apparents, Dieu peut les utiliser pour nous préparer à de plus grandes victoires.

Aider Les Nouveaux Croyants À Grandir

Une fois qu'une personne accepte Christ, il est crucial de la guider dans sa nouvelle foi. Sans un véritable discipulat, de nombreux nouveaux croyants peinent et s'éloignent. Les étapes suivantes les aideront à devenir de fervents disciples de Christ :

1. Confessez Ouvertement Le Christ

Encouragez les nouveaux croyants à confesser publiquement leur foi. Jésus nous appelle à le confesser devant les autres.

- *Romains 10:9-10: «Si tu confesses de ta bouche le Seigneur Jésus, et si tu crois dans ton cœur que Dieu l'a ressuscité des morts, tu seras sauvé. Car c'est en croyant du cœur qu'on parvient à la justice, et c'est en confessant de la bouche qu'on parvient au salut.»*

- *Matthieu 10:32-33: «C'est pourquoi, quiconque me confessera devant les hommes, je le confesserai aussi devant mon Père qui est dans les cieux. Mais quiconque me reniera devant les hommes, je le renierai aussi devant mon Père qui est dans les cieux.»*

Encouragez-les à partager leur témoignage avec leur famille et leurs amis.

2. Soyez baptisé et participez à la Sainte Cène

Le baptême est une déclaration extérieure de foi et d'obéissance au Christ. Encouragez les nouveaux croyants à se faire baptiser dès que possible.

- *Actes 2:38, «Pierre leur dit: Repentez-vous, et que chacun de vous soit baptisé au nom de Jésus Christ, pour le pardon de vos péchés; et vous recevrez le don du Saint Esprit.»*

De même, participer à la Sainte Cène aide les croyants à se souvenir du sacrifice du Christ.

- *Luc 22:19b, «Ceci est mon corps, qui est donné pour vous; faites ceci en mémoire de moi.»*

3. Étudiez la Parole de Dieu quotidiennement

Tout comme la nourriture nourrit le corps, la Parole de Dieu nourrit l'âme. Les nouveaux croyants devraient prendre l'habitude de lire la Bible quotidiennement.

- *1 Pierre 2:2, «désirez, comme des enfants nouveau-nés, le lait spirituel et pur, afin que par lui vous croissiez pour le salut.»*
- *Actes 20:32, «Et maintenant je vous recommande à Dieu et à la parole de sa grâce, à celui qui peut édifier et donner l'héritage avec tous les sanctifiés.»*

4. Priez quotidiennement et en cas de tentation

Une vie de prière intense est essentielle à la croissance spirituelle. Encouragez les nouveaux croyants à parler régulièrement à Dieu.

- *1 Thessaloniciens 5:17, «Priez sans cesse.»*
- *Luc 11:9, «Demandez, et l'on vous donnera; cherchez, et vous trouverez; frappez, et l'on vous ouvrira.»*

5. Détournez-vous du péché et marchez dans l'obéissance

Encouragez-les à abandonner le péché, aussi petit soit-il, et à faire confiance à la direction de Dieu.

- *Jean 14:23, «Jésus lui répondit: Si quelqu'un m'aime, il gardera ma parole, et mon Père l'aimera; nous viendrons à lui, et nous ferons notre demeure chez lui.»*
- *Romains 14:23b «Tout ce qui n'est pas le produit d'une conviction est péché.»*

6. Communion avec d'autres croyants

Faire partie d'une église est essentiel à la croissance spirituelle. Les premiers chrétiens se réunissaient régulièrement pour partager des moments de communion, prier et enseigner.

- *Hébreux 10:25, «N'abandonnons pas notre assemblée, comme c'est la coutume de quelques-uns; mais exhortons-nous réciproquement,...»*
- *Actes 2:42, «Ils persévéraient dans l'enseignement des apôtres, dans la communion fraternelle, dans la fraction du pain, et dans les prières.»*

Encouragez les nouveaux croyants à trouver une église qui enseigne la Bible dans laquelle ils peuvent grandir.

7. Servir le Christ et partager l'Évangile

Les nouveaux croyants devraient être encouragés à mettre leurs talents au service du royaume de Dieu. Jésus nous appelle à être des intendants fidèles de ce qu'il nous a donné.

- La parabole des talents nous enseigne à investir nos dons dans l'œuvre de Dieu (voir Matthieu 25:14-29).

Encouragez-les à partager activement leur foi avec les autres, tout comme ils ont été conduits à Christ.

Quand Vous Tombez Dans Le Péché, N'abandonnez Pas

Il nous arrive à tous de trébucher, mais la grâce de Dieu est plus grande que nos échecs. Encouragez les croyants à confesser immédiatement leurs péchés et à continuer de marcher avec Dieu.

- *1 Jean 1:9, «Si nous confessons nos péchés, il est fidèle et juste pour nous les pardonner, et pour nous purifier de toute iniquité.»*
- *Philippiens 3:13-14 «Frères, je ne pense pas l'avoir saisi; mais je fais une chose: oubliant ce qui est en arrière et me portant vers ce qui est en avant, je cours vers le but, pour remporter le prix de la vocation céleste de Dieu en Jésus Christ.»*

Votre Rôle Dans Le Suivi

Conduire quelqu'un à Christ n'est qu'un début. L'aider à grandir est tout aussi important. De nombreux nouveaux croyants rencontrent des difficultés parce qu'ils ne sont pas correctement encadrés.

- Restez en contact et encouragez-les.
- Priez pour eux quotidiennement.
- Aidez-les à rester responsables de leur foi.

Comment Être Un Témoin Efficace Pour Le Christ

Jésus a dit: *«Suivez-moi, et je vous ferai pêcheurs d'hommes»* (Matthieu 4:19). Voici comment devenir un gagneur d'âmes plus efficace:

1. Développer un Cœur pour l'Évangélisation

Priez pour que Dieu vous donne un soutien pour les perdus. Dressez la liste des personnes pour lesquelles vous priez et demandez à Dieu de vous donner l'occasion de leur témoigner.

2. Vivez une Vie Centrée sur Le Christ

Votre vie doit refléter l'amour, l'intégrité et la foi du Christ.
- *Matthieu 5:16, «Que votre lumière luise ainsi devant les hommes, afin qu'ils voient vos bonnes œuvres, et qu'ils glorifient votre Père qui est dans les cieux.»*

3. Construire des Relations Authentiques

Jésus passait souvent du temps avec les pécheurs, non pour se conformer à eux, mais pour les conduire au salut. Soyez intentionnel dans vos relations avec ceux qui ont besoin de Christ.

4. Mémorisez les Versets Clés de l'Évangile

Soyez prêt à partager l'Évangile en connaissant les passages clés des Écritures:

- *Romains 3:23, «Car tous ont péché et sont privés de la gloire de Dieu.»*
- *Romains 6:23, «Car le salaire du péché, c'est la mort; mais le don gratuit de Dieu, c'est la vie éternelle en Jésus-Christ notre Seigneur.»*
- *Romains 5:8, «Mais Dieu prouve son amour envers nous, en ce que, lorsque nous étions encore des pécheurs, Christ est mort pour nous.»*
- *Romains 10:9, «Si tu confesses de ta bouche le Seigneur Jésus, et si tu crois dans ton cœur que Dieu l'a ressuscité des morts, tu seras sauvé.»*

5. Créer des Opportunités pour Partager le Christ

Parfois, il vous faudra prendre l'initiative. Cherchez des occasions d'introduire Jésus dans une conversation.

6. Faites Confiance à Dieu avec les Résultats

Vous avez la responsabilité de partager l'Évangile, mais seul Dieu peut changer les cœurs. Faites votre part, et laissez-Le faire le reste.

Chapitre 15

✝

L'Incertain

P arfois, le manque d'assurance est dû à l'ignorance. Les Écritures nous disent que nous pouvons **savoir** que nous avons la vie éternelle. Souvent, lorsqu'on demande aux gens s'ils savent qu'ils sont sauvés, si leurs péchés sont pardonnés ou s'ils ont la vie éternelle, ils répondent: *«Personne ne le sait.»* Mais vous pouvez répondre: *«Oui, la Bible dit que tous ceux qui croient peuvent le savoir.»*

Par exemple, considérez 1 Jean 5:13, *«Je vous ai écrit ces choses, afin que vous sachiez que vous avez la vie éternelle, vous qui croyez au nom du Fils de Dieu.»*

Plusieurs autres écritures confirment cette vérité:

- *Jean 1:12: «Mais à tous ceux qui l'ont reçue, à ceux qui croient en son nom, elle a donné le pouvoir de devenir enfants de Dieu,»* Ce verset montre que Christ donne le pouvoir de devenir enfants de Dieu à tous ceux qui le reçoivent.

- *Jean 3:36, «Celui qui croit au Fils a la vie éternelle; celui qui ne croit pas au Fils ne verra point la vie, mais la colère de Dieu demeure sur lui.»*

Vous pouvez demander à quelqu'un: *«Qui, selon ce verset, a la vie éternelle?»* Il verra que ce sont ceux qui croient au Fils. Puis, demandez: *«Croyez-vous au Fils?»* Sa réponse devrait naturellement suivre: *«Oui.»* Puis demandez: *«Qu'avez-vous donc?»* Peu après, sa réponse sera: *«La vie éternelle.»*

Encouragez-les à dire à voix haute: *«J'ai la vie éternelle»*, puis demandez-leur de s'agenouiller et de remercier Dieu de leur avoir donné ce don.

D'autres passages utiles incluent:

- *Jean 5:24, «En vérité, en vérité, je vous le dis, celui qui écoute ma parole, et qui croit à celui qui m'a envoyé, a la vie éternelle et ne vient point en jugement, mais il est passé de la mort à la vie.»*

- *1 Jean 5:12, «Celui qui a le Fils a la vie; celui qui n'a pas le Fils de Dieu n'a pas la vie.»*

- *Actes 13:39, «et que quiconque croit est justifié par lui de toutes les choses dont vous ne pouviez être justifiés par la loi de Moïse.»*

En utilisant Actes 13:39, demandez à la personne qui vous interroge: *«Que dit ce verset à propos de tous ceux qui croient?»*

Lorsqu'elle répond correctement: *«Ils sont justifiés»*, encouragez-la à remercier Dieu de l'avoir justifié et à confesser Christ.

Le Témoin du Saint-Esprit

Beaucoup de gens peinent à être rassurés, car ils ont le sentiment de ne pas avoir le témoignage du Saint-Esprit. Cependant, 1 Jean 5:10 nous assure que le témoignage de la Parole de Dieu est suffisant: *«Celui qui croit au Fils de Dieu a ce témoignage en lui-même; celui qui ne croit pas Dieu le fait menteur, puisqu'il ne croit pas au témoignage que Dieu a rendu à son Fils.»*

Si quelqu'un refuse de croire au témoignage de Dieu, il le traite en réalité de menteur. De plus, **Éphésiens 1:13** confirme qu'après avoir cru au témoignage de la Parole, nous sommes scellés du Saint-Esprit: *«En lui vous aussi, après avoir entendu la parole de la vérité, l'Évangile de votre salut, en lui vous avez cru et vous avez été scellés du Saint Esprit qui avait été promis.»*

L'ordre naturel de l'assurance est le suivant:

1. **Assurance de la justification** – reposant sur la Parole de Dieu.
2. **Confession publique du Christ** – déclaration ouverte de la foi.
3. **Le témoignage du Saint-Esprit** – confirmant cette foi.

Le problème auquel beaucoup sont confrontés est qu'ils veulent inverser cet ordre. Ils recherchent le témoignage du Saint-Esprit avant de confesser publiquement le Christ. Pourtant, Jésus enseigne dans Matthieu 10:30-32: *«Et même les cheveux de votre tête sont tous comptés. Ne craignez donc point: vous valez plus que beaucoup de passereaux. C'est pourquoi, quiconque me confessera devant les hommes, je le confesserai aussi devant mon Père qui est dans les cieux. »*

Ainsi, nous ne pouvons attendre le témoignage de l'Esprit du Père tant que Christ ne nous a pas confessés devant lui. Cela signifie que la confession du Christ **doit** précéder le témoignage de l'Esprit.

Assurance Vraie et Fausse

Il est crucial de clarifier ce qu'est **la foi salvatrice.** Certaines personnes prétendent croire alors qu'en réalité, elles ne croient pas **au sens biblique du terme.** Cela peut conduire à **de fausses assurances** et à des espoirs mal placés.

- **Jean 1:12** précise que croire signifie recevoir Jésus et s'engager envers Lui.

- **2 Timothée 1:12** met l'accent sur la confiance en Christ.

- **Romains 10:10** renforce le fait que la foi est une question de cœur: *«Car c'est en croyant du cœur qu'on parvient à la justice, et c'est en confessant de la bouche qu'on parvient au salut.»*

Certaines personnes qui peinent à trouver l'assurance peuvent s'accrocher à **des péchés non confessés** ou se livrer à **des pratiques douteuses.** Il est essentiel d'aborder ces questions pour obtenir une assurance complète. Voici quelques passages utiles:

- *Jean 8:12, «Jésus leur parla de nouveau, et dit: Je suis la lumière du monde; celui qui me suit ne marchera pas dans les ténèbres, mais il aura la lumière de la vie. »*
- *Proverbes 28:13, «Celui qui cache ses transgressions ne prospère point, Mais celui qui les avoue et les délaisse obtient miséricorde. »*

Lorsque nous confessons et abandonnons nos péchés, et que nous suivons le Christ, nous recevons le pardon, la lumière et l'assurance. Parfois, il est utile de demander franchement: *« Y a-t-il un péché dans votre vie qui trouble votre conscience?»*

Terminez toujours par une prière, en recherchant la direction et l'assurance de Dieu pour celui qui le demande.

L'assurance du salut ne repose pas sur les sentiments, mais sur **la Parole de Dieu, la confession du Christ et le témoignage du Saint-Esprit.** Ceux qui peinent à être assurés doivent être soigneusement guidés vers la vérité, en s'assurant d'avoir véritablement placé leur foi en Christ. Une fois cela fait, ils peuvent se reposer avec confiance sur les promesses de l'Écriture.

Résumé des points clés

1. **Nous pouvons savoir que nous avons la vie éternelle** (voir 1 Jean 5:13).
2. **Seule la foi en Christ** assure le salut (voir Jean 3:36, Actes 13:39).
3. **L'assurance suit un ordre approprié**: la croyance, la confession, puis le témoignage de l'Esprit (voir Éphésiens 1:13, Matthieu 10:32).

4. **Il faut éviter les fausses assurances**: la vraie foi exige de recevoir pleinement Christ (voir Jean 1:12, Romains 10:10).
5. **Le péché non confessé peut nuire à l'assurance**: la confession et l'obéissance conduisent à la lumière et à la paix (voir Proverbes 28:13, Jean 8:12).

Encouragez ceux qui peinent à trouver l'assurance à **faire confiance à la Parole de Dieu, à confesser le Christ avec assurance** et à **marcher dans l'obéissance**. La véritable assurance suivra.

Les Conséquences de la Récidive

Rechuter n'est pas sans conséquences. Si Dieu est miséricordieux et toujours disposé à accueillir le pécheur repentant, s'éloigner de lui entraîne souffrances spirituelles, émotionnelles et parfois même physiques. Les Écritures nous avertissent à plusieurs reprises qu'abandonner le Seigneur mène aux épreuves, à la correction et au regret.

1. La Perte de l'Épanouissement Spirituel

Jérémie 2:13 déclare: «*Car mon peuple a commis un double péché: Ils m'ont abandonné, moi qui suis une source d'eau vive, Pour se creuser des citernes, des citernes crevassées, Qui ne retiennent pas l'eau.*»

Se détourner de Dieu, c'est abandonner la source de vie et de nourriture. Le récidiviste constate souvent que les activités mondaines, aussi prometteuses soient-elles, finissent par ne pas le satisfaire. Il devient comme quelqu'un qui abandonne une source pure et abondante pour un réservoir fissuré et vide, ne laissant derrière lui que soif et regrets.

2. Le fardeau de la Réprimande du Péché

Jérémie 2:19 nous avertit: *«Ta méchanceté te châtiera, et ton infidélité te punira, Tu sauras et tu verras que c'est une chose mauvaise et amère d'abandonner l'Éternel, ton Dieu, Et de n'avoir de moi aucune crainte, Dit le Seigneur, l'Éternel des armées.»*

Le péché entraîne son propre châtiment. Ceux qui persistent à rechuter finissent par en subir les conséquences: des relations brisées, des tourments intérieurs et le poids d'une conscience coupable. Les plaisirs du péché sont passagers, mais l'amertume qu'il laisse persiste.

3. Discipline et Jugement Divins

Le Seigneur, dans sa justice, ne néglige pas l'infidélité de son peuple. Amos 4:11-12 illustre cette vérité: *«Je vous ai bouleversés, Comme Sodome et Gomorrhe, que Dieu détruisit; Et vous avez été comme un tison arraché de l'incendie. Malgré cela, vous n'êtes pas revenus à moi, dit l'Éternel... C'est pourquoi je te traiterai de la même manière, Israël; Et puisque je te traiterai de la même manière, Prépare-toi à la rencontre de ton Dieu, O Israël!»*

Dieu permet les épreuves et les châtiments pour amener celui qui rechute à la repentance. Certains peuvent connaître de graves difficultés en conséquence directe de leur rébellion. Ce n'est pas par cruauté, mais par amour divin, tout comme un père discipline son enfant pour le corriger (voir Hébreux 12:6).

4. Le danger d'un cœur endurci

L'un des plus grands dangers d'une récidive persistante est l'insensibilité spirituelle. Proverbes 14:14 nous avertit: *«Celui dont le cœur s'égare se rassasie de ses voies, Et l'homme de bien se rassasie de ce qui est en lui.»*

Plus on persiste dans le péché, plus il devient difficile d'y revenir. Le cœur qui résiste sans cesse à l'appel du Seigneur devient froid et indifférent, finissant par justifier le péché plutôt que de s'en repentir. Un tel état est périlleux, car il conduit à un éloignement accru de Dieu.

5. La perte de la faveur et de la présence de Dieu

1 Rois 11:9 raconte la conséquence tragique de la récidive de Salomon: *«L'Éternel fut irrité contre Salomon, parce qu'il avait détourné son coeur de l'Éternel, le Dieu d'Israël, qui lui était apparu deux fois.»*

Même l'homme le plus sage, qui avait vu de ses propres yeux la présence et la bénédiction de Dieu, n'était pas exempt des conséquences d'un tel refus. En abandonnant le Seigneur, on perd sa présence intime et sa direction. Cette perte est bien plus grande que tout plaisir passager que le péché peut offrir.

L'appel à la Repentance et à la Restauration

Bien que les conséquences d'une récidive soient graves, le Seigneur, dans son infinie miséricorde, appelle les égarés à revenir. Les Écritures regorgent d'invitations à la repentance, offrant de l'espoir à ceux qui se sont égarés. Dieu n'abandonne pas celui qui a récidivé, mais désire ardemment sa restauration.

1. L'appel du Seigneur pour que les rétrogrades reviennent

Jérémie 3:12-13 déclare: *«Va, crie ces paroles vers le septentrion, et dis: Reviens, infidèle Israël! dit l'Éternel. Je ne jetterai pas sur vous un regard sévère; Car je suis miséricordieux, dit l'Éternel, Je ne garde pas ma colère à toujours.*

¹³ Reconnais seulement ton iniquité, Reconnais que tu as été infidèle à l'Éternel, ton Dieu, Que tu as dirigé çà et là tes pas vers les dieux étrangers, Sous tout arbre vert, Et que tu n'as pas écouté ma voix, dit l'Éternel.»

La première exigence de Dieu est que le récidiviste reconnaisse son péché. Il ne peut y avoir de véritable restauration sans repentance sincère. Pourtant, sa promesse est certaine : il ne gardera pas sa colère éternellement. Le Seigneur n'attend pas de condamner, mais de guérir.

2. La Volonté de Dieu de Pardonner

Jérémie 3:22 nous assure encore: *«Revenez, enfants rebelles, Je pardonnerai vos infidélités. -Nous voici, nous allons à toi, Car tu es l'Éternel, notre Dieu.»*

Quelle que soit la profondeur de la chute, Dieu est prêt à restaurer. Il ne se contente pas d'accepter le retour du récidiviste, mais guérit activement les blessures causées par son errance. Le péché peut laisser des cicatrices, mais la grâce divine suffit à purifier et à renouveler.

3. Le Chemin du Retour vers Dieu

Osée 14:1-4 trace une voie claire vers la restauration, *«Israël, reviens à l'Éternel, ton Dieu, Car tu es tombé par ton iniquité.*

² Apportez avec vous des paroles, Et revenez à l'Éternel. Dites-lui: Pardonne toutes les iniquités, Et reçois-nous favorablement! Nous t'offrirons, au lieu de taureaux, l'hommage de nos lèvres… Je réparerai leur infidélité, J'aurai pour eux un amour sincère; Car ma colère s'est détournée d'eux.»

Le chemin du retour est simple mais profond : confession, prière et renoncement sincère au péché. Le récidiviste doit reconnaître sa chute, implorer la miséricorde de Dieu et abandonner son entêtement. En réponse, le Seigneur promet non seulement le pardon, mais aussi une effusion de son amour.

4. L'amour et la Fidélité Immuables de Dieu

Ésaïe 44:22 offre l'une des plus belles assurances de restauration, *« J'efface tes transgressions comme un nuage, Et tes péchés comme une nuée; Reviens à moi, Car je t'ai racheté.»*

Même lorsque le récidiviste se sent indigne, Dieu déclare qu'il a déjà pourvu à sa rédemption. Son amour est constant; sa grâce est inépuisable. Il les appelle à revenir, non pas comme des étrangers, mais comme son peuple racheté.

5. La Promesse d'une Relation Renouvelée

Jérémie 29:11-13 parle du désir de réconciliation de Dieu, *« Car je connais les projets que j'ai formés sur vous, dit l'Éternel, projets de paix et non de malheur, afin de vous donner un avenir et de l'espérance. Alors vous m'invoquerez, et vous partirez; vous me prierez, et je vous exaucerai. Vous me chercherez, et vous me trouverez, si vous me cherchez de tout votre cœur.»*

Les plans de Dieu pour les récidivistes n'ont pas changé. Il désire toujours leur paix et leur rétablissement. Mais ils doivent le chercher de tout leur cœur, en abandonnant toute hésitation et en s'abandonnant pleinement à lui.

6. L'Assurance de la Purification

1 Jean 1:9 donne l'assurance finale à tous ceux qui reviennent à Dieu, *«Si nous confessons nos péchés, il est fidèle et juste pour nous les pardonner, et pour nous purifier de toute iniquité.»*

Le récidiviste n'a pas à porter le fardeau de ses échecs passés. Dès qu'il se repent sincèrement, Dieu lui pardonne et le purifie, effaçant toute trace d'injustice.

Un Dernier Appel

L'appel du Seigneur est clair: celui qui a péché doit revenir. Les conséquences de la persistance dans le péché sont graves, mais la miséricorde de Dieu est plus grande. Quel que soit le chemin parcouru, le chemin de la restauration est ouvert.

Pasteure Dr. Claudine Benjamin

Que personne ne tarde à répondre à cet appel, car comme le dit Amos 4:12: *«Prépare-toi à la rencontre de ton Dieu, ô Israël!»*

Aujourd'hui est le jour du repentir. Aujourd'hui est le jour de la restauration. Que le récidiviste se détourne, et il trouvera les bras du Sauveur grands ouverts, prêts à l'accueillir à nouveau.

Illustrations de Rétrogrades qui Sont Revenus au Seigneur

Tout au long des Écritures, nous trouvons des exemples marquants de ceux qui se sont éloignés de Dieu, mais qui ont trouvé la restauration par la repentance. Ces récits sont un encouragement pour tout récidiviste, prouvant que, quelle que soit la profondeur de sa chute, le Seigneur est prêt à l'accueillir avec miséricorde et amour.

1. Pierre: Restauré Après le Reniement

Marc 16:7 rapporte un moment remarquable après la résurrection du Christ, *« Mais allez dire à ses disciples et à Pierre qu'il vous précède en Galilée: c'est là que vous le verrez, comme il vous l'a dit.»*

Pierre, qui avait autrefois affirmé avec audace sa loyauté indéfectible envers Jésus, l'a renié à trois reprises sous la pression (voir Luc 22:54-62). Accablé de chagrin, Pierre pleura amèrement, conscient de la gravité de son échec. Pourtant, le message de l'ange mentionnait spécifiquement Pierre, l'assurant que Jésus ne l'avait pas rejeté. Plus tard, le Christ a personnellement rétabli Pierre, réaffirmant sa vocation (voir Jean 21:15-19).

Cet exemple montre que même un échec grave ne disqualifie pas une personne de la grâce de Dieu. Quelle que soit la gravité de la récidive, le Seigneur rappelle ses enfants avec amour.

2. Israël: Restauré Après Avoir Cherché Le Seigneur

2 Chroniques 15:4 témoigne de la fidélité de Dieu, *«Mais au sein de leur détresse ils sont retournés à l'Éternel, le Dieu d'Israël, ils l'ont cherché, et ils l'ont trouvé.»*

À maintes reprises, Israël a abandonné Dieu, sombrant dans la détresse, puis implorant sa délivrance. Chaque fois, lorsqu'ils se tournaient vers lui avec sincérité, ils le trouvaient.

Ceci est illustré plus en détail dans 2 Chroniques 15:12-15, où le peuple conclut une alliance solennelle pour rechercher l'Éternel de tout son cœur. Il lui accorda ainsi paix et sécurité. Ce passage souligne l'étape essentielle que tout récidiviste doit franchir: **humble confession et retour sincère à Dieu.**

3. Le Fils Prodigue: Une Image de la Miséricorde de Dieu

L'illustration la plus puissante de l'amour de Dieu pour le pécheur repentant se trouve peut-être dans **Luc 15:11-24**, la parabole du fils prodigue.

Un jeune homme, avide d'indépendance, réclame son héritage et le dilapide dans une vie insouciante. Lorsque la famine frappe, il se retrouve sans ressources, contraint de nourrir les porcs – une honte suprême pour un Juif. Dans son moment le plus bas, il réalise la bonté de son père et décide de revenir, reconnaissant son indignité.

Mais avant même qu'il puisse arriver chez lui, son père l'aperçoit de loin, court vers lui, l'embrasse et le rétablit complètement, se réjouissant de son retour.

Cette parabole illustre non seulement les **étapes de la repentance** – reconnaître son péché, se détourner et confesser – mais aussi **l'accueil incroyable réservé au repentant.** Le père n'a pas hésité ni puni son fils; au contraire, il l'a habillé, nourri et célébré son retour.

De la même manière, Dieu désire ardemment restaurer tout rétrograde qui revient dans l'humilité.

Les Étapes de la Restauration

Les Écritures décrivent clairement le processus par lequel un rétrograde peut revenir et être rétabli dans la faveur de Dieu.

1. **Confession du Péché**

«Si nous confessons nos péchés, il est fidèle et juste pour nous les pardonner, et pour nous purifier de toute iniquité.» (1 Jean 1:9).

Un récidiviste doit reconnaître ses torts devant Dieu. La véritable repentance exige humilité et honnêteté.

2. **Se Détourner du Péché**

«Reviens, infidèle Israël! dit l'Éternel. Je ne jetterai pas sur vous un regard sévère; Car je suis miséricordieux, dit l'Éternel, Je ne garde pas ma colère à toujours. Reconnais seulement ton iniquité...» (Jérémie 3:12-13).

La repentance ne consiste pas simplement à ressentir de la tristesse, mais à abandonner ses voies pécheresses et à revenir pleinement à Dieu.

3. Chercher le Seigneur de tout son Cœur

«tout Juda se réjouit de ce serment, car ils avaient juré de tout leur coeur, ils avaient cherché l'Éternel de plein gré, et ils l'avaient trouvé, et l'Éternel leur donna du repos de tous côtés.» (2 Chroniques 15:15).

Dieu n'accepte pas une repentance hésitante. Le récidiviste doit le chercher avec une dévotion totale, en s'abandonnant complètement.

4. Se Reposer dans le Pardon de Dieu

«'efface tes transgressions comme un nuage, Et tes péchés comme une nuée; Reviens à moi, Car je t'ai racheté.» (Ésaïe 44:22).

L'ennemi peut chercher à accabler le repentant de culpabilité, mais Dieu lui assure un pardon complet. Une fois revenu à la faute, le récidiviste est **pleinement restauré** dans sa grâce.

Prévenir les Futurs Rechutes

La restauration n'est pas la fin du chemin. Un apostat qui est revenu doit maintenant être fortifié dans sa foi pour éviter de retomber. Les Écritures fournissent des conseils clairs sur la façon de maintenir une marche ferme avec Dieu.

Pasteure Dr. Claudine Benjamin

1. Demeurez Dans la Parole de Dieu

«Je serre ta parole dans mon cœur, afin de ne pas pécher contre toi.» (Psaume 119:11).

La méditation régulière des Écritures fortifie les croyants et les protège contre la tentation et la tromperie. Un engagement quotidien envers la Parole de Dieu assure nourriture et stabilité spirituelles.

2. Maintenir une Vie de Prière Forte

«Veillez et priez, afin que vous ne tombiez pas dans la tentation. L'esprit est bien disposé, mais la chair est faible.» (Matthieu 26:41).

La prière approfondit notre relation avec Dieu et préserve notre cœur du déclin spirituel. Une vie de prière constante favorise la dépendance au Seigneur et la sensibilité à sa direction.

3. Restez en Communion Avec d'Autres Croyants

«N'abandonnons pas notre assemblée, comme c'est la coutume de quelques-uns; mais exhortons-nous réciproquement, et cela d'autant plus que vous voyez s'approcher le jour.» (Hébreux 10:25)

L'isolement affaiblit la foi, tandis que la communion avec Dieu apporte encouragement et responsabilité. Un récidiviste doit rester connecté au corps du Christ pour grandir et se fortifier.

4. Marcher dans l'Obéissance à l'Esprit

«Je dis donc: Marchez selon l'Esprit, et vous n'accomplirez pas les désirs de la chair.» (Galates 5:16).

Vivre dans la soumission au Saint-Esprit permet au croyant de résister au péché et de rechercher la justice. C'est grâce à sa direction qu'il peut mener une vie victorieuse.

Les exemples de Pierre, d'Israël et du fils prodigue révèlent la profondeur de la miséricorde divine envers les récidivistes. **Quel que soit le degré d'égarement, la restauration est toujours possible grâce à une repentance sincère.** Cependant, revenir à Dieu n'est qu'un début: rester fidèle exige une dépendance quotidienne envers Lui.

Pour chaque personne qui a rechuté, le message est clair: **Dieu vous appelle toujours, vous aime et désire votre pleine restauration. Revenez à Lui aujourd'hui, et Il vous accueillera à bras ouverts.**

Chapitre 16

Le Pouvoir de Gagner des Âmes

La condition essentielle pour réussir à gagner des âmes est la puissance du Saint-Esprit. Dans *Actes 1:5*, Jésus dit: *«Jean a baptisé d'eau; mais vous, dans peu de jours, vous serez baptisés du Saint-Esprit.»* De même, dans *Luc 24:49*, il donne à ses disciples ces instructions: *«Et voici, j'enverrai sur vous ce que mon Père a promis; mais vous, restez dans la ville jusqu'à ce que vous soyez revêtus de la puissance d'en haut.»*

Dans ces passages, nous trouvons trois expressions clés: *baptisé du Saint-Esprit, revêtu de la puissance d'en haut* et *rempli du Saint-Esprit*. En comparant attentivement ces passages et d'autres passages bibliques apparentés, nous constatons que toutes ces expressions désignent la même expérience, une expérience absolument nécessaire pour un service acceptable et efficace dans le royaume du Christ.

Le Baptême du Saint-Esprit : Une Expérience Distincte

La plénitude du Saint-Esprit est une expérience précise et distincte. Un croyant saura s'il a reçu ou non le Saint-Esprit. Jésus a ordonné à ses disciples d'attendre à Jérusalem jusqu'à ce qu'ils reçoivent la puissance d'en haut *(voir Luc 24:49)*. Si cette expérience avait été vague ou incertaine, les disciples n'auraient pas su s'ils avaient obéi au commandement du Christ.

De plus, le baptême du Saint-Esprit est distinct de son œuvre régénératrice. Dans *Actes 1:5*, Jésus annonce à ses disciples qu'ils seront baptisés du Saint-Esprit dans quelques jours. Dans *Actes 8:15-16,* nous lisons l'histoire de croyants qui avaient accepté Christ et avaient été baptisés d'eau, mais n'avaient pas encore reçu le Saint-Esprit: *«Ceux-ci, arrivés chez les Samaritains, prièrent pour eux, afin qu'ils reçussent le Saint Esprit. Car il n'était encore descendu sur aucun d'eux; ils avaient seulement été baptisés au nom du Seigneur Jésus.)»*

De nouveau, dans *Actes 19:1-6,* Paul rencontre à Éphèse des disciples qui avaient cru, mais n'avaient pas reçu le Saint-Esprit. Lorsque Paul leur imposa les mains, le Saint-Esprit descendit sur eux; ils parlèrent en langues et prophétisèrent.

Régénération Versus Baptême du Saint-Esprit

Un croyant peut être régénéré par le Saint-Esprit sans être baptisé dans le Saint-Esprit. Un tel croyant est sauvé, mais pas encore équipé pour le service. Bien que chaque croyant ait le Saint-Esprit en lui *(voir Romains 8:9)*, tous n'ont pas reçu le baptême du Saint-Esprit.

Dans *Actes 8:12-16*, les croyants de Samarie avaient accepté l'Évangile et avaient été baptisés d'eau, mais ils n'avaient pas encore reçu le Saint-Esprit. Les apôtres envoyèrent Pierre et Jean prier pour eux afin qu'ils reçoivent ce baptême essentiel. Cela démontre que le baptême du Saint-Esprit est accessible à tous ceux qui sont nés de nouveau.

Le But du Baptême du Saint-Esprit

Le baptême du Saint-Esprit est toujours lié au témoignage et au service. *1 Corinthiens 12:13-14* déclare: *«Car nous avons tous été baptisés dans un seul Esprit, pour former un seul corps, soit Juifs, soit Grecs, soit esclaves, soit libres; et nous avons tous été abreuvés d'un seul Esprit. Car le corps n'est pas un seul membre, mais il est formé de plusieurs membres.»*

Ce baptême ne vise pas principalement à purifier l'être humain du péché. Certains croient à tort que recevoir le Saint-Esprit éradique la nature charnelle, mais aucun passage des Écritures ne soutient cette position. Au contraire, le baptême du Saint-Esprit confère aux croyants la puissance nécessaire au ministère et au service. S'il conduit souvent à un plus grand abandon spirituel, son but principal est de donner aux croyants les moyens d'être des témoins efficaces.

Manifestations du Baptême du Saint-Esprit

Pour mieux comprendre le baptême du Saint-Esprit, nous devons examiner ses manifestations telles qu'elles sont rapportées dans les Écritures. *1 Corinthiens 12:4-11* décrit la diversité des dons spirituels donnés par le Saint-Esprit, *«Or, il y a diversité de dons, mais le même Esprit... En Effet, à l'un est donnée par l'Esprit une parole de sagesse; à un autre une parole de connaissance... À un autre la foi... À un autre le don des guérisons... À un autre le don d'opérer des miracles... À un autre la prophétie... À un autre le discernement des esprits... À un autre la diversité des langues...*

Pasteure Dr. Claudine Benjamin

Mais un seul et même Esprit opère toutes ces choses, les distribuant à chacun en particulier comme il veut.»

Les résultats du baptême du Saint-Esprit ne sont pas identiques pour tous les croyants. Tous ne deviendront pas évangélistes ou enseignants; des dons différents sont accordés selon l'appel de Dieu. Certains reçoivent le don d'enseigner, d'autres celui de guérir, et d'autres encore celui de secourir *(voir 1 Corinthiens 12:7-11).*

Malheureusement, beaucoup ne reconnaissent pas cette vérité, ce qui engendre doutes et déceptions inutiles. Au lieu de rechercher un don spécifique, les croyants doivent se soumettre à la direction du Saint-Esprit et lui permettre de déterminer leur rôle au service de Dieu.

La Puissance et l'Audace du Saint-Esprit

Le baptême du Saint-Esprit confère la puissance nécessaire au service auquel Dieu appelle chaque croyant. Il donne également de l'assurance dans le témoignage et le ministère. Dans *Actes 4:29-31*, nous lisons comment les premiers croyants ont prié pour avoir de l'assurance, et le Saint-Esprit les a remplis, leur permettant de proclamer la Parole de Dieu avec courage.

Comparez la transformation de Pierre avant et après avoir reçu le Saint-Esprit. Dans *Marc 14:66-72,* il renie Jésus trois fois par peur. Pourtant, après la Pentecôte, dans *Actes 2,* le même Pierre prêche avec audace, conduisant des milliers de personnes au salut.

Peut-être désirez-vous témoigner pour le Christ, mais luttez-vous contre la peur et la timidité. Si vous recevez le baptême du Saint-

Esprit, vous verrez que toutes vos hésitations et vos peurs seront surmontées.

Définition du Baptême du Saint-Esprit

Le baptême du Saint-Esprit est l'Esprit de Dieu qui descend sur un croyant, prend possession de ses facultés et lui transmet des dons spirituels qui le préparent au service divin. Il ne s'agit pas d'une simple expérience émotionnelle, mais d'une préparation surnaturelle au ministère.

Qui a Besoin du Baptême du Saint-Esprit ?

Dans *Luc 24:49*, Jésus ordonna à ses disciples de rester à Jérusalem jusqu'à ce qu'ils soient remplis de la puissance d'en haut. Ces hommes furent témoins oculaires de la vie, de la mort et de la résurrection de Jésus. Ils avaient été personnellement formés par le Seigneur pendant plus de trois ans. Pourtant, malgré leurs connaissances et leur expérience, Jésus ne leur permit pas de commencer leur ministère avant d'avoir été baptisés du Saint-Esprit.

Si ces disciples bien formés devaient attendre la puissance du Saint-Esprit avant d'exercer leur ministère, à combien plus forte raison avons-nous besoin de cette puissance divine aujourd'hui? Jésus lui-même n'a commencé son ministère public qu'après avoir été oint du Saint-Esprit et de sa puissance *(voir Actes 10:38)*.

Le baptême du Saint-Esprit est une préparation essentielle au service chrétien. Tenter de servir le Christ sans Lui est un acte de présomption et d'ignorance des exigences divines.

Pasteure Dr. Claudine Benjamin

La Promesse du Saint-Esprit s'Adresse à Tous les Croyants

C'est le privilège de chaque croyant de recevoir le baptême du Saint-Esprit. Comme le déclare *Actes 2:39*: *«Car la promesse est pour vous, pour vos enfants, et pour tous ceux qui sont au loin, en aussi grand nombre que le Seigneur notre Dieu les appellera.»*

Cette promesse s'adresse à toutes les générations de croyants. Si nous manquons du baptême du Saint-Esprit, ce n'est pas parce que Dieu nous l'a refusé, mais parce que nous ne l'avons pas recherché. Chaque croyant est responsable devant Dieu de l'œuvre qu'il aurait pu accomplir s'il avait reçu cette puissance divine.

Puissions-nous tous rechercher la plénitude du Saint-Esprit afin d'être équipés pour accomplir la grande mission, amener les âmes dans le royaume de Dieu avec puissance et audace.

Chapitre 17

✝

L'Indifférent

Dans le travail d'évangélisation, on rencontre fréquemment des personnes indifférentes à l'Évangile. Ces personnes ne sont peut-être pas ouvertement hostiles au christianisme, mais elles affichent un manque d'intérêt troublant pour leur condition spirituelle. Elles peuvent être préoccupées par les distractions de la vie, sceptiques quant à la foi, ou simplement peu disposées à réfléchir profondément aux questions d'éternité.

Accompagner les indifférents exige patience, sagesse et la direction du Saint-Esprit. L'objectif est de les sensibiliser au péché, de les orienter vers le Christ et de les avertir des conséquences désastreuses de l'indifférence à la vérité. Il existe plusieurs approches efficaces pour atteindre ces personnes.

Leur Montrer Leur Besoin D'un Sauveur

L'une des façons les plus efficaces d'aborder une personne indifférente est de lui montrer son besoin de salut. Beaucoup pensent que, parce qu'ils mènent une vie relativement morale, ils n'ont pas besoin d'un Sauveur. Pourtant, la Bible dit clairement que tous ont péché et sont privés de la norme divine. **Romains 3:23** déclare: *«Car tous ont péché et sont privés de la gloire de Dieu.»* Ce verset dissipe toute illusion d'autosatisfaction. Personne n'est exempté. Chacun a péché en pensée, en parole ou en acte. Même ceux qui se considèrent comme «bons» restent coupables devant un Dieu saint.

Un autre verset puissant à utiliser est **Ésaïe 53:6**: *«Nous étions tous errants comme des brebis, chacun suivait sa propre voie; et l'Éternel a fait retomber sur lui l'iniquité de nous tous.»*

Une bonne stratégie pour utiliser ce verset est de demander directement à la personne: *«Qui s'est égaré?»* Si elle répond honnêtement, elle devra admettre qu'elle aussi s'est éloignée de Dieu. L'amener à cette reconnaissance est une étape importante pour surmonter son indifférence.

Confrontés à Leur Manque D'amour Pour Dieu

Une raison fréquente d'indifférence envers l'Évangile est le manque d'amour pour Dieu. On peut prétendre respecter Dieu, mais vivre sans véritable dévotion envers lui. Jésus a abordé ce sujet dans **Matthieu 22:37-38** lorsqu'il a déclaré: *«Tu aimeras le Seigneur ton Dieu de tout ton cœur, de toute ton âme et de toute ta pensée. C'est le premier et le plus grand commandement.»*

Lorsqu'une personne indifférente entend ce verset, elle peut se rendre compte que son cœur est éloigné de Dieu. Lui poser des questions simples comme *«Aimes-tu Dieu de tout ton cœur?»* ou *«Cherches-tu à l'honorer au quotidien?»* peut révéler sa complaisance spirituelle.

L'urgence de gagner des âmes

De plus, **Ésaïe 57:21** nous avertit: «*Il n'y a point de paix pour les méchants, dit mon Dieu.*»

Beaucoup de personnes indifférentes se croient en sécurité, car elles ne ressentent aucune urgence immédiate. Mais ce verset révèle la vérité: *sans Dieu, il n'y a pas de véritable paix*. Même en ignorant les questions spirituelles, leur âme reste en danger.

Les Attirant Vers les Sanctions du Péché

L'une des réalités les plus inquiétantes des Écritures est l'avertissement selon lequel le péché entraîne de graves conséquences. Nombreux sont ceux qui, indifférents, ne le prennent pas au sérieux, pensant que Dieu passera outre leur complaisance. Pourtant, la Bible est claire : ceux qui ignorent l'Évangile seront jugés.

Un passage particulièrement frappant est **2 Thessaloniciens 1:7-9**: «*Et que vous qui êtes affligés, vous ayez du repos avec nous, lorsque le Seigneur Jésus apparaîtra du ciel avec les anges de sa puissance, au milieu d'une flamme de feu, pour punir ceux qui ne connaissent pas Dieu et ceux qui n'obéissent pas à l'Évangile de notre Seigneur Jésus Christ. Ils auront pour châtiment une destruction éternelle, loin de la face du Seigneur et de la gloire de sa force.*»

Ce passage ne laisse place à aucun malentendu. Ceux qui restent indifférents au Christ comparaîtront un jour devant lui comme juge. Le châtiment de son rejet est la destruction éternelle, la séparation éternelle de sa présence.

De même, **Apocalypse 20:15** déclare: «*Et quiconque ne fut pas trouvé écrit dans le livre de vie fut jeté dans l'étang de feu.*»

Ces avertissements doivent être lus avec une profonde attention. L'objectif n'est pas d'instiller la peur pour le simple plaisir de la peur, mais de sensibiliser l'auditeur à la gravité de son état.

Démontrer le Sacrifice du Christ

S'il est crucial de mettre en garde les indifférents contre le jugement, il est tout aussi important de leur témoigner l'amour du Christ. Nombreux sont ceux qui restent indifférents simplement parce qu'ils ne comprennent pas vraiment ce que Jésus a fait pour eux.

Ésaïe 53:5-6 est un passage puissant qui révèle la profondeur de la souffrance du Christ pour l'humanité, *« Mais il était blessé pour nos péchés, Brisé pour nos iniquités; Le châtiment qui nous donne la paix est tombé sur lui, Et c'est par ses meurtrissures que nous sommes guéris. Nous étions tous errants comme des brebis, Chacun suivait sa propre voie; Et l'Éternel a fait retomber sur lui l'iniquité de nous tous »*

En lisant ce passage, insistez sur le fait que le Christ n'a pas souffert pour ses propres péchés, mais pour **nos** péchés. Il a été meurtri, battu et crucifié afin que nous soyons rachetés. Celui qui reste indifférent après avoir entendu cela n'a pas encore saisi la gravité du sacrifice du Christ.

Un autre passage convaincant est **Hébreux 10:28-29,** *« Celui qui a violé la loi de Moïse meurt sans miséricorde, sur la déposition de deux ou de trois témoins; de quel pire châtiment pensez-vous que sera jugé digne celui qui aura foulé aux pieds le Fils de Dieu, qui aura tenu pour profane le sang de l'alliance, par lequel il a été sanctifié, et qui aura outragé l'Esprit de la grâce? »*

Ce verset montre que rejeter le Christ n'est pas un problème mineur: c'est le plus grand péché de tous.

Jean 3:18-19 renforce cette vérité: *«Celui qui croit en lui n'est point jugé; mais celui qui ne croit pas est déjà jugé, parce qu'il n'a pas cru au nom du Fils unique de Dieu. Et ce jugement c'est que, la lumière étant venue dans le monde, les hommes ont préféré les ténèbres à la lumière, parce que leurs œuvres étaient mauvaises.»*

Une personne indifférente peut ne pas se considérer comme mauvaise, mais ce passage montre clairement que rejeter le Christ est un acte de rébellion contre la lumière.

Faire Confiance à la Puissance de Dieu

Tout le monde n'est pas disposé à discuter de son état spirituel. Certains y résisteront ou éviteront complètement ce genre de conversation. Dans ce cas, il est essentiel de faire confiance à la puissance de Dieu plutôt que de compter sur les efforts humains.

Si quelqu'un refuse d'écouter, le seul recours est de rechercher la direction de Dieu. Priez avec ferveur pour que l'Esprit de Dieu agisse dans son cœur, le convainquant de péché et l'attirant à la vérité.

Les passages bibliques mentionnés ci-dessus peuvent être utilisés efficacement avec ceux qui sont indifférents ou négligents. Cependant, c'est en fin de compte l'œuvre du Saint-Esprit d'adoucir les cœurs et d'apporter la conviction. Par la patience, la prière et la confiance en la Parole de Dieu, même l'âme la plus indifférente peut être éveillée à la vérité du salut.

Chapitre 18

☦

La Grande Mission

La mission de Jésus et la Grande Mission

Jésus a été envoyé par le Père en mission divine. Il a ouvertement proclamé cette vérité tout au long de son ministère: *«Car Dieu n'a pas envoyé son Fils dans le monde pour juger le monde, mais pour que le monde soit sauvé par lui.» (Jean 3:17).*

«En vérité, en vérité, je vous le dis, celui qui écoute ma parole, et qui croit à celui qui m'a envoyé, a la vie éternelle et ne vient point en jugement, mais il est passé de la mort à la vie.» (Jean 5:24).

D'autres références confirment cette mission (voir Jean 5:36, Jean 6:38-40, 57, Jean 7:28-29, Jean 17:3). Mais son envoi soulève une question essentielle : **pourquoi Jésus a-t-il été envoyé?**

Jésus lui-même répondit: *«Ma nourriture est de faire la volonté de celui qui m'a envoyé, et d'accomplir son œuvre.» (Jean 4:34 - LSG).*

Pasteure Dr. Claudine Benjamin

Quelle est l'Œuvre du Père ?

Pour comprendre l'œuvre du Père, il faut distinguer deux termes clés dans l'Évangile de Jean: «œuvre» et «œuvres».

- **Les «œuvres»** font référence aux actes individuels de Jésus : ses guérisons, ses miracles et autres actes surnaturels.

- **Le terme «œuvre»** fait référence au but ultime pour lequel il a été envoyé: la mission du salut.

Lorsque Jésus a dit qu'il était venu *achever l'œuvre du Père* (voir Jean 4:34), il parlait de sa mission divine de racheter l'humanité. Cette œuvre a été achevée à la croix lorsqu'il a déclaré: *«Tout est accompli!»* (voir Jean 19:30).

La Seule Commission

Avant son ascension spectaculaire au ciel, Jésus a confié sa mission à ses disciples, non pas une fois, mais **cinq fois**:

- *Allez, faites de toutes les nations des disciples, les baptisant au nom du Père, du Fils et du Saint-Esprit, et enseignez-leur à observer tout ce que je vous ai prescrit. Et voici, je suis avec vous tous les jours, jusqu'à la fin du monde. Amen. (Matthieu 28:19-20)*

- *«Allez dans le monde entier et prêchez la bonne nouvelle à toute la création.» (Marc 16:15).*

L'urgence de gagner des âmes

- La repentance et la rémission des péchés doivent être prêchées en son nom à toutes les nations. (voir Luc 24:46-48).
- *«Jésus leur dit de nouveau : La paix soit avec vous! Comme mon Père m'a envoyé, moi aussi je vous envoie.» (Jean 20:21).*
- *«Mais vous recevrez une puissance, le Saint-Esprit survenant sur vous, et vous serez mes témoins à Jérusalem, dans toute la Judée, dans la Samarie, et jusqu'aux extrémités de la terre.» (Actes 1:8)*

Bien que nous appelions souvent cela la **Grande Mission,** il s'agit en réalité **de la Seule Mission.**

Des gens meurent. Le mandat divin a été signé dans le sang – coulant du visage du Christ à Gethsémani, ruisselant sur son front percé d'épines dans le prétoire de Pilate, et s'écoulant de son côté blessé au Calvaire. Le commandement du Grand Médecin de la terre demeure inchangé: **«Allez. Prêchez. Baptisez. Formez des disciples. Enseignez.»**

Au-Delà Du Salut: La Pleine Mission de l'Église

Si le salut des âmes est la priorité absolue de la Grande Mission, la mission ne s'arrête pas à la conversion. Le commandement de Jésus de *«faire des disciples de toutes les nations»* s'étend au-delà du salut. L'Église doit se consacrer au **baptême, à la formation de disciples et à la maturation des croyants** dans leur foi.

Le discipulat est un processus qui dure toute la vie. La mission de l'Église ne s'arrête pas au repentir d'un pécheur; elle se poursuit dans les jours, les semaines, les mois et les années qui suivent. Si l'Église ne parvient pas à former des disciples, elle laisse les nouveau-nés spirituels vulnérables au monde même dont ils ont été sauvés.

Notre mission doit être aussi concentrée et passionnée qu'une équipe de professionnels de la santé qualifiés. Pasteurs, bénévoles, administrateurs, enseignants, évangélistes et théologiens doivent tous reconnaître que leur rôle individuel n'a d'importance éternelle que **s'il s'inscrit dans la mission du Christ.**

Sans mission, à quoi bon?

Sans mission, tout ce que vous avez c'est:

- **Un moyen sans fin.**
- **Un voyage sans destination.**
- **Action sans direction.**
- **Mouvement sans signification.**

10 Raisons Pour Lesquelles l'Église doit Donner la Priorité à la Grande Mission

En ce moment crucial de l'histoire, l'Église doit s'engager pleinement dans son mandat missionnaire. Chacune des raisons suivantes suffit à nous appeler à l'action, mais ensemble, elles devraient susciter une passion inébranlable.

1. **Le jugement des croyants**

Paul a adressé un rappel édifiant à l'Église de Corinthe: *«C'est pour cela aussi que nous nous efforçons de lui être agréables, soit que nous demeurions dans ce corps, soit que nous le quittions. Car il nous faut tous comparaître devant le tribunal de Christ, afin que chacun reçoive selon le bien ou le mal qu'il aura fait, étant dans son corps. Connaissant donc la crainte du Seigneur, nous cherchons à convaincre les hommes; Dieu nous connaît, et j'espère que dans vos consciences vous nous connaissez aussi.» (2 Corinthiens 5:9-11)*

Le tribunal du Christ n'est pas réservé aux incroyants, mais aux croyants. C'est là que **nos œuvres seront mises à l'épreuve** et notre fidélité évaluée. *Qu'est-ce qui comptera ce jour-là?* Non pas nos titres, nos accomplissements ou notre statut terrestre, mais **notre obéissance à la mission du Christ.**

D'autres raisons suivront, mais celle-ci à elle seule devrait émouvoir nos cœurs.

Avons-Nous Obéi à la Grande Mission?

Parfois, les croyants semblent oublier que nous aussi comparaîtrons devant **le tribunal du Christ.** L'apôtre Paul lui-même a parlé de *«la terreur du Seigneur»* (voir 2 Corinthiens 5:11). Dans Apocalypse 1:14-15, Jean contemple le Fils de l'homme glorifié, décrivant ses yeux *comme «une flamme de feu»* et ses pieds *«semblables à de l'airain ardent, comme s'ils s'embrasaient dans une fournaise».* Bouleversé par cette vision, Jean déclare dans Apocalypse 1:17: *«Quand je le vis, je tombai à ses pieds comme mort.»*

Les paroles de Paul nous rappellent avec force: *«Car il nous faudra tous comparaître devant le tribunal de Christ» (2 Corinthiens 5:10).* Ce jugement ne détermine pas notre destinée éternelle; celle-ci a été réglée lorsque nous nous sommes repentis de nos péchés et avons reçu Jésus-Christ comme Seigneur. Nous avons reconnu, comme Ésaïe, *«Mais nous sommes tous comme des impurs, et toute notre justice est comme un vêtement souillé» (Ésaïe 64:6a)*. Nous avons accepté le sacrifice de Christ comme expiation de nos péchés, croyant que *«celui qui n'a point connu le péché, il l'a fait devenir péché pour nous, afin que nous devenions en lui justice de Dieu» (2 Corinthiens 5:21)*.

Notre foi en Christ assure notre éternité. Cependant, le **jugement des croyants** est une raison impérieuse de rester concentrés sur la véritable mission de l'Église. Nous ne devons pas nous laisser distraire par **des préoccupations secondaires,** qu'il s'agisse du type de vêtements que nous portons ou des structures externes de notre «système de santé» spirituel. Nous devons plutôt affiner notre vision du **salut des perdus et de la formation de disciples.**

Il n'y a rien de fondamentalement mauvais à avoir de grandes congrégations, des églises bien meublées ou des sermons soignés. Cela peut refléter une quête naturelle d'excellence. Cependant, si ces éléments deviennent **la raison** d'être principale de l'Église – si les pasteurs dirigent et les croyants servent uniquement pour ces raisons – alors, au tribunal de Christ, une grande partie de leur travail sera révélée comme *du bois, du foin et du chaume, consumés par le feu (voir 1 Corinthiens 3:12-15)*.

L'Église ne doit jamais perdre de vue sa **plus grande priorité**: le salut des âmes et le discipulat des croyants.

2. L'Enfer Éternel

Une question pourrait se poser dans de nombreuses églises aujourd'hui: *qu'est-il arrivé à l'enfer? L'enfer existe-t-il? La Bible dit-elle ce qu'elle dit? Y va-t-on vraiment?*

L'urgence de gagner des âmes

Jésus a parlé clairement de l'enfer: *« Je vous dis, à vous qui êtes mes amis: Ne craignez pas ceux qui tuent le corps et qui, après cela, ne peuvent rien faire de plus. Je vous montrerai qui vous devez craindre. Craignez celui qui, après avoir tué, a le pouvoir de jeter dans la géhenne; oui, je vous le dis, c'est lui que vous devez craindre. »* (Luc 12:4-5)

Jésus a parlé de l'enfer plus que quiconque dans les Écritures. Son désir passionné de sauver les perdus des tourments éternels transparaît tout au long des Évangiles. Certains prétendent que l'histoire racontée par Jésus dans Luc 16 n'est qu'une parabole, mais le texte suggère le contraire. Jésus commence par ces mots: *« Il y avait un homme riche. »* Cette expression suggère fortement qu'il décrivait un personnage historique. L'histoire doit être racontée ainsi: *« Et dans le séjour des morts, il leva les yeux, tandis qu'il était en proie aux tourments, et vit de loin Abraham, et Lazare dans son sein. »* (Luc 16:23).

La réalité de l'enfer est une raison impérieuse pour que l'Église reste concentrée sur sa mission. Jésus a décrit l'enfer comme un lieu terrible: *« Ensuite il dira à ceux qui seront à sa gauche: Retirez-vous de moi, maudits; allez dans le feu éternel qui a été préparé pour le diable et pour ses anges. »* (Matthieu 25:41).

Puisse Dieu accorder à notre génération une nouvelle révélation de la réalité de l'enfer. Puissions-nous ne pas reculer par crainte d'être taxés de politiquement incorrects, mais proclamer la vérité sur les tourments de l'enfer du diable.

Seule l'Église possède le message qui sauve les gens de ce sort. Nous devons prêcher l'Évangile avec audace, car lui seul offre la voie d'en sortir. L'enfer n'est pas un lieu où chacun est prédestiné à aller ; le salut par le Christ est accessible à tous. Mais la vérité de l'enfer doit être révélée, car c'est seulement à sa lumière que nous pouvons pleinement saisir l'urgence de l'Évangile.

3. Les gens perdus

Certains qualifient Luc 15 de *«chapitre des perdus»*. Je préfère l'appeler *«chapitre des retrouvés»*. Mais la description la plus juste est peut-être *«chapitre des perdus et retrouvés»*.

Les pharisiens et les scribes murmuraient parce que Jésus mangeait avec les pécheurs, ce qu'ils n'oseraient jamais faire. En réponse, Jésus raconta trois histoires. La première est explicitement appelée parabole, tandis que les deux autres sont présentées comme des événements historiques. On les appelle communément les paraboles de la brebis perdue, de la drachme perdue et du fils perdu. Mais dans les trois cas, le perdu fut retrouvé, et ceux qui en furent témoins se réjouirent. Lorsque le perdu fut retrouvé, la transformation s'ensuivit.

Le Dr Gene Rice a demandé un jour: *«Y a-t-il pire que d'être perdu?»* Sa réponse: *«Oui! C'est quand on est perdu et que personne ne regarde.»* J'ajouterais – non seulement quand personne ne regarde, mais quand personne ne s'en soucie. Les personnes perdues comptent pour Jésus.

L'un des thèmes les plus marquants de Luc 15 est la joie immense ressentie lorsque les perdus sont retrouvés. Chaque récit se conclut par une célébration. Le ciel lui-même se réjouit lorsqu'un pécheur se repent. Bill Hybels a dit ceci: *«Lorsqu'un pécheur est sauvé, le ciel organise une fête.»* Cette joie à elle seule devrait nous pousser à accomplir le mandat missionnaire de l'Église. Mais lorsque l'Église perd de vue sa mission, sa joie s'estompe.

D'autre part, l'histoire et les témoignages confirment que la plus grande joie dans l'Église survient lorsque des âmes perdues viennent à Christ. Tout comme la naissance d'un enfant suscite l'enthousiasme d'une famille terrestre, la nouvelle naissance d'une âme suscite la joie au sein de la famille de l'Église. Puisse la joie de retrouver les âmes perdues – la brebis, la pièce de monnaie, le fils perdu – raviver notre passion pour la mission.

Jésus a comparé la mission de l'Église à la moisson d'un champ: *«Voici, je vous le dis, levez les yeux, et regardez les champs qui déjà blanchissent pour la moisson» (Jean 4:35b).*

La récolte ne se mesure pas au grain stocké dans la grange, mais au blé encore présent dans le champ. Il n'y a pas de seconde chance de récolter une moisson mûre. Pourtant, trop souvent, nous nous concentrons sur la grange plutôt que sur le champ. Et pendant cette attente, le grain pourrit.

Que l'Esprit du Seigneur incite l'Église à aller, à récolter et à garder la moisson.

4. Priorité Pentecôtiste

Avant son ascension, Jésus a clairement dit à ses disciples: *«Car Jean a baptisé d'eau; mais vous, dans peu de jours, vous serez baptisés du Saint-Esprit.» (Actes 1:5)*

Pasteure Dr. Claudine Benjamin

Il déclara ensuite: *«Mais vous recevrez une puissance, le Saint-Esprit survenant sur vous, et vous serez mes témoins à Jérusalem, dans toute la Judée, dans la Samarie, et jusqu'aux extrémités de la terre.» (Actes 1:8).*

Certains pentecôtistes considèrent *le parler en langues* comme la priorité de la Pentecôte. L'Église de Dieu et la plupart des mouvements pentecôtistes traditionnels enseignent à juste titre que le parler en langues est la première preuve du baptême dans le Saint-Esprit. Cependant, la véritable priorité de la Pentecôte est ce que Jésus lui-même a souligné: *«Vous recevrez une puissance. Vous serez mes témoins.»*

Le don de la Pentecôte c'est **la puissance.** La preuve de cette puissance est **le témoignage.** Et la personne qui témoigne est **Jésus-Christ, le Seigneur.**

La puissance du Saint-Esprit est donnée afin que chaque croyant puisse être un témoin – un témoignage vivant que Jésus de Nazareth est le Fils de Dieu, mort sur la croix pour le pardon des péchés et le salut de tous ceux qui croient. Le parler en langues demeure, comme le jour de la Pentecôte, la preuve initiale du baptême dans le Saint-Esprit. Mais la preuve ultime se trouve dans Actes 1:8 – un témoignage audacieux, revêtu de la puissance de l'Esprit. Le résultat immédiat du remplissage des 120 personnes dans la chambre haute ne fut pas seulement le parler en langues, mais le témoignage. Ils descendirent dans les rues de Jérusalem, proclamant l'Évangile aux gens du monde entier.

«Ceux qui acceptèrent sa parole furent baptisés. Et, en ce jour-là, le nombre des disciples s'augmenta d'environ trois mille âmes.» (Actes 2:41).

Il est facile pour les églises pentecôtistes de mettre le Saint-Esprit dans une boîte.

- **La «Boîte du Temple»** — où Il se déplace uniquement à l'intérieur du bâtiment de l'église.

- **La «Boîte du Temps»** — où Il doit opérer dans un délai strict, généralement une heure le dimanche matin.

- **La «Boîte à Langues»** — où Sa voix n'est reconnue qu'à travers une langue et une interprétation inconnues.

- **La «Boîte de la tradition »** — où Il est libre de se déplacer, mais seulement d'une manière qui correspond aux coutumes de l'Église, de la communauté ou de la culture.

Jésus n'a pas prié le Père d'envoyer le Saint-Esprit simplement pour être enfermé dans une boîte. L'Esprit a été envoyé pour donner aux croyants la force d'être des témoins et des missionnaires qui forment des disciples. Puissions-nous ne jamais entraver son œuvre, mais plutôt nous soumettre à sa direction afin que l'Évangile soit proclamé avec puissance jusqu'aux extrémités de la terre.

5. L'amour du Christ

Personne dans le Nouveau Testament n'était plus attaché à la mission que l'apôtre Paul. Pourtant, malgré sa dévotion, nombreux étaient ceux qui, dans l'Église de Corinthe, le critiquaient, remettant même en question son droit à être appelé apôtre. Mais la plus grande défense de son ministère par Paul se résumait à ces paroles simples mais profondes: *«L'amour de Christ nous presse» (2 Corinthiens 5:14a)*.

Pasteure Dr. Claudine Benjamin

Quelques versets plus loin, Paul explique cet amour en termes de mission de l'Église: *«Si quelqu'un est en Christ, il est une nouvelle créature. Les choses anciennes sont passées; voici, toutes choses sont devenues nouvelles. Et tout cela vient de Dieu, qui nous a réconciliés avec lui par Christ, et qui nous a donné le ministère de la réconciliation. Car Dieu était en Christ, réconciliant le monde avec lui-même, en n'imputant point aux hommes leurs offenses, et il a mis en nous la parole de la réconciliation. Nous faisons donc les fonctions d'ambassadeurs pour Christ, comme si Dieu exhortait par nous; nous vous en supplions au nom de Christ: Soyez réconciliés avec Dieu! Celui qui n'a point connu le péché, il l'a fait devenir péché pour nous, afin que nous devenions en lui justice de Dieu.»* (2 Corinthiens 5:17-21)

Au quotidien, l'amour est une force puissante et irrésistible. Si quelqu'un en doute, il suffit d'observer les sacrifices que les parents consentent volontiers pour leurs enfants. L'amour est la plus grande force motrice connue de l'humanité. C'est la nature même de Dieu. C'est par amour qu'il a envoyé son Fils mourir pour les péchés du monde.

«Nous l'aimons, parce qu'il nous a aimés le premier.» (1 Jean 4:19).

C'est pourquoi l'amour du Christ doit être le moteur de la mission de l'Église. Nous témoignons de lui parce que nous l'aimons. Nous le servons parce que nous l'aimons. Nous obéissons à son commandement de nous engager dans la plus grande mission connue au ciel et sur terre, parce que nous l'aimons.

Qu'on ne dise jamais que l'Église de Dieu a simplement *conçu un programme*, *Ils ont élaboré une stratégie* ou *adopté une résolution* pour inciter leurs membres à participer à la mission. Si ces outils peuvent être utiles, ils ne doivent jamais remplacer la véritable motivation. Il faut toujours savoir que *«l'amour du Christ nous presse» (voir 2 Corinthiens 5:14).*

Dr Raymond F. Culpepper
La Connexion de la Grande Commission

Chapitre 19

Commandement de Prêcher : La Prédication Biblique et la Grande Mission

Parmi les paroles d'adieu de notre Seigneur Jésus-Christ avant Son ascension figurait le commandement de prêcher l'Évangile. Plus précisément, Il ordonna que la repentance et le pardon des péchés «soient prêchés en Son nom à toutes les nations, à commencer par Jérusalem» (voir Luc 24:47). [1] En réponse, Marc écrit: *«Et ils s'en allèrent prêcher partout. Le Seigneur travaillait avec eux, et confirmait la parole par les miracles qui l'accompagnaient.» (Marc 16:20)*. On ne peut lire le Nouveau Testament sans reconnaître l'importance de la prédication. Plus de 115 fois, les mots traduits par *«prédication»* apparaissent avec des mots clés tels que *kerusso* «annoncer» (comme une proclamation royale) et *euangelizo* «annoncer la bonne nouvelle» apparaissant plus de cinquante fois chacun.

Lorsqu'il s'agissait d'accomplir la Grande Mission, *«Et chaque jour, dans le temple et dans les maisons, ils ne cessaient d'enseigner et d'annoncer la bonne nouvelle de Jésus-Christ.» (Actes 5:42)*.

---

[1] Sauf indication contraire, toutes les références bibliques dans ce chapitre proviennent de la New American Standard Bible (NASB).

Pasteure Dr. Claudine Benjamin

Jean a prêché le baptême de repentance (voir Actes 10:37). Philippe a prêché le Christ à Samarie (voir Actes 8:5). Pierre a dit que Jésus *«nous a ordonné de prêcher au peuple et d'attester solennellement qu'il est celui que Dieu a établi Juge des vivants et des morts» (Actes 10:42).* Paul a dit qu'il avait été ordonné et désigné pour être prédicateur (voir 1 Timothée 2:7; 2 Timothée 1:11) et qu'il croyait que tous les autres devoirs étaient subordonnés à cet unique appel divin (voir 1 Corinthiens 1:17). Timothée a reçu l'instruction de *«prêcher la parole... à temps et à contretemps»* (voir 2 Timothée 4:2), et Pierre a conseillé à ceux qui étaient dispersés et vivaient comme des étrangers de *«sanctifier dans leurs cœurs Christ comme Seigneur, étant toujours prêts à se défendre devant quiconque vous demande raison de l'espérance qui est en vous» (1 Pierre 3:15).* Les croyants du Nouveau Testament ne pouvaient s'empêcher de prêcher, de peur de renier leur propre identité et d'abdiquer leur mission. De même, l'Église de Dieu a toujours été connue comme une Église prêchant. En relatant la croissance phénoménale survenue en 1910, le regretté Dr Charles W. Conn a déclaré:

> *"Au cours de l'année, les ministres prêchaient partout où ils pouvaient trouver un auditoire: dans les églises, sous des tentes, en plein air, sous des tonnelles, dans les maisons, dans les écoles, au coin des rues ou à des personnes rencontrées par hasard. Ils prêchaient par impulsion intérieure, appelée appel divin; ils prêchaient parce que le message de Dieu brûlait dans leurs cœurs; ils prêchaient parce qu'ils aimaient leur prochain; ils prêchaient parce qu'ils devaient prêcher ou aller en enfer. Ils prêchaient parce qu'il y avait des pécheurs à secourir, des croyants à baptiser, des affligés à guérir, des sceptiques à convaincre, des esprits à former et des désespérés à réconforter. Ils ne recevaient aucune louange et ne s'y attendaient pas; ils ne*

> *prêchaient pas pour être applaudis par les hommes ni par vanité de cœur – ils prêchaient parce qu'ils devaient prêcher. Le choix appartenait à Dieu, et la responsabilité leur incombait. Ils étaient parfois lapidés, bombardés d'œufs pourris et de tomates, ridiculisés, méprisés, maudits, injuriés, calomniés, On les battait, on leur crachait dessus, on leur tirait dessus, on les craignait et parfois on les aimait; mais on ne les ignorait pas... Ils recevaient peu, voire pas du tout, un salaire; cinq sur six travaillaient le jour et prêchaient le soir. Mais ils continuaient à prêcher... et, à mesure qu'ils prêchaient, beaucoup entendaient et croyaient, et la foi pentecôtiste se répandait merveilleusement."*

La prédication est ancrée dans les Écritures et révélée par l'histoire de l'Église. Elle n'est pas le fruit de recherches empiriques ni de l'expérimentation de diverses techniques de communication par l'Église. L'Église ne prêche pas parce qu'elle est perçue comme une bonne idée ou une technique de communication efficace. Elle prêche plutôt parce qu'elle nous a été commandée de prêcher.

Le Contexte de Notre Prédication

Le monde vers lequel nous sommes envoyés est en constante évolution et devient de plus en plus complexe. Les alliances politiques sont en constante mutation. Nous entendons constamment des menaces de terrorisme nucléaire et biologique et d'armes de destruction massive. La violence est une épidémie. Sur le plan monétaire, un ralentissement de l'économie mondiale peut dévaster une nation du jour au lendemain. Les normes sociales autrefois tenues pour acquises sont publiquement ridiculisées, et la société s'est détériorée au point que, selon les mots de Jérémie,

Pasteure Dr. Claudine Benjamin

«nous avons oublié comment rougir» (voir Jérémie 6:15 ; 8:12). C'est une époque marquée par des changements de paradigme, des bouleversements géopolitiques et des préoccupations environnementales. Le monde aspire à des hommes et des femmes capables de s'attaquer efficacement aux nombreux maux politiques et sociétaux, mais au lieu d'hommes d'État, il reçoit des politiciens.

L'époque des Lumières est révolue. Nous entrons dans un monde qui a adopté l'humanisme laïc et le relativisme moral, et nie l'existence de la vérité absolue. De multiples structures de plausibilité sont continuellement construites, et l'impossibilité d'une interprétation objective est constamment invoquée. Le pouvoir s'est détourné de ceux qui contrôlent l'information. La vérité a été soumise à la technologie, et la beauté a été soumise au regard de celui qui regarde. Les sentiments sont devenus synonymes d'être. La philosophie s'est détournée de l'existentiel. L'éducation s'est détournée du sceptique. Les arts se sont détournés du sensuel. Les hommes se sont détournés du transcendantal, se croyant leurs propres dieux et n'ayant pas besoin de rédemption.

Notre monde vit dans la peur. Nous constatons une dette croissante et une économie fragile, et nous nous inquiétons. Nous constatons une hausse de la criminalité et une anarchie généralisée, et nous nous inquiétons. Nous constatons une crise de la drogue, une épidémie de sida et une dégénérescence des valeurs morales, et nous nous inquiétons. Nous constatons la sécularisation de la société, les divisions raciales, le sans-abrisme, les violences physiques et sexuelles, et nous nous inquiétons. Nous constatons l'autodestruction systématique de la cellule familiale, et nous nous inquiétons. Les questions qui continuent d'exiger une réponse sont peut-être celles-ci: quelqu'un écoute-t-il? Est-ce que quelqu'un s'en soucie vraiment?

L'urgence de gagner des âmes

L'un des prédicateurs les plus célèbres et les plus appréciés de notre époque est Billy Graham. Depuis sa rencontre avec Barack Obama le 25 Avril 2010, Dr. Graham était conseiller spirituel de douze présidents des États-Unis et figurait au septième rang des personnalités admirées du XXe siècle selon Gallup. On dit que Graham a prêché en personne à plus de personnes à travers le monde que n'importe quel autre prédicateur de l'histoire. Selon son équipe, en 1993, plus de 2,5 millions de personnes avaient *«participé à ses croisades pour accepter Jésus-Christ comme leur Sauveur personnel»*. Les messages de Billy Graham reposent sur cinq postulats. Il écrit:

> *Quand je sors proclamer l'Évangile, dans chaque congrégation et dans n'importe quel groupe — que ce soit au coin d'une rue à Nairobi; ou lors d'une réunion à Séoul, en Corée; ou dans une situation tribale au Zaïre; ou dans un stade à New York — je sais qu'il y a certaines choses qui sont vraies dans le cœur et l'esprit de tous les gens... Premièrement, les besoins de la vie ne sont pas satisfaits par le progrès social ou l'aisance matérielle. Cela est vrai partout dans le monde et dans toutes les cultures. Jésus a dit: «La vie d'un homme ne dépend pas de ses biens dans l'abondance» (voir Luc 12:15). Deuxièmement, il y a un vide essentiel dans chaque vie sans Christ. Toute l'humanité ne cesse de réclamer quelque chose, quelque chose — ils ne savent pas ce que c'est. Donnez à quelqu'un un million de dollars — cela ne le satisfait pas. Ou donnez-lui le sexe et toute forme de sensualité; Cela non plus ne satisfait jamais le profond désir qui réclame sans cesse satisfaction... Ces deux dernières années, j'ai pris la parole dans plusieurs des universités les plus prestigieuses du monde, et j'ai entendu*

le cri de détresse de jeunes intellectuellement, psychologiquement et spirituellement perdus. Pascal avait raison lorsqu'il disait: «Il y a un vide divin dans chaque vie, que seul Dieu peut combler.» Lorsque nous proclamons l'Évangile, nous nous adressons directement à ce vide. Ensuite, nous pouvons supposer que nos auditeurs ressentent de la solitude. Certains l'ont appelée «solitude cosmique»... elle est partout: solitude dans les banlieues, solitude dans les ghettos, solitude en Afrique, solitude en Amérique latine, solitude au Japon. C'est une solitude que seul Dieu peut combler. Quatrièmement, nous nous adressons à des personnes qui éprouvent un sentiment de culpabilité. C'est peut-être l'expérience humaine la plus universelle, car elle est dévastatrice... C'est tout l'enjeu de la croix. Lorsque nous prêchons le Christ, nous parlons directement du problème lancinant et déprimant de la culpabilité.

Cinquièmement, il y a la peur universelle de la mort. Nous n'aimons pas parler de la mort dans notre génération. Pourtant, la mort est bien réelle. Cette peur subtile ne peut être muselée. Mais voici la bonne nouvelle: notre Seigneur est venu pour abolir la mort. Par Sa mort et Sa résurrection, Il a rendu trois choses inopérantes: le péché, la mort et l'enfer. Tel est le message de la croix! C'est pour une époque comme celle-ci et pour un monde comme le nôtre que vous et moi avons été appelés à nous lever et à annoncer: «L'Esprit du Seigneur est sur moi, parce qu'il m'a oint pour annoncer une bonne nouvelle aux pauvres; il m'a envoyé pour guérir ceux qui ont le cœur brisé, pour annoncer aux captifs la délivrance et aux aveugles le recouvrement de la vue, pour renvoyer libres les opprimés, pour publier une année de grâce du Seigneur.» (Luc 4:18-19). L'Évangile est la panacée aux maux du monde et la solution au péché de l'homme. Comme l'eau fraîche est pour une âme assoiffée, l'Évangile donne «de bonnes nouvelles d'un pays lointain» (voir Proverbes 25:25).

Le mot *«évangile»*, euangelion, est un terme générique utilisé pour décrire la «bonne nouvelle» selon laquelle Dieu a rendu le salut accessible à l'homme déchu par son Fils, Jésus-Christ. Ce salut, promis d'avance par les prophètes, s'est accompli lors de la venue du Messie dans le monde (voir Romains 1:2-4). Dans la version King James, il est décrit comme «l'Évangile de Dieu» (voir Romains 1:1), «l'Évangile de Son Fils» (voir Romains 1:9), «l'Évangile du Christ» (voir Romains 1:16), «l'Évangile du Royaume» (voir Matthieu 4:23), «l'Évangile de la grâce de Dieu» (voir Actes 20:24), «l'Évangile du salut» (voir Éphésiens 1:13), «l'Évangile de paix» (voir Éphésiens 6:15) et «un Évangile éternel» (voir Apocalypse 14:6). Bien que tous ces modificateurs révèlent des aspects distinctifs du message, l'Évangile est une vérité centrale: *«Jésus-Christ est venu dans le monde pour sauver les pécheurs, parmi lesquels je suis le premier de tous» (1 Timothée 1:15).*

La mission de l'Église de Dieu est de communiquer le plein Évangile de Jésus-Christ dans l'Esprit et la puissance de la Pentecôte. Le terme «plein Évangile» englobe le salut (voir Romains 1:16-17), la justification par la foi (voir Romains 3-5), la sanctification par l'Esprit (voir Romains 6-8), le baptême dans le Saint-Esprit (voir Actes 1:4-5; 2:38-39), les fruits et les dons de l'Esprit (voir Galates 5:22-23; 1 Corinthiens 12-14), ainsi que la guérison et la délivrance (voir Marc 16:17-18). C'est la

Pasteure Dr. Claudine Benjamin

proclamation que Jésus est Sauveur, Sanctificateur, Baptiseur, Guérisseur et Roi à venir! Tout tourne autour de Jésus. Si le contexte de notre prédication est «le monde», le contenu de notre prédication doit être «l'Évangile».

Selon les paroles de l'apôtre Paul, *«Ce n'est pas pour baptiser que Christ m'a envoyé, c'est pour annoncer l'Évangile, et cela sans la sagesse du langage, afin que la croix de Christ ne soit pas rendue vaine. Car la parole de la croix est une folie pour ceux qui périssent, mais pour nous qui sommes sauvés, elle est la puissance de Dieu. Car puisque le monde, avec sa sagesse, n'a point connu Dieu dans la sagesse de Dieu, il a plu à Dieu de sauver les croyants par la folie de la prédication.» (1 Corinthiens 1:17-18, 21)*

Ces paroles s'adressaient à l'Église de Corinthe, l'une des plus grandes cités de l'Empire romain. Située sur un vaste isthme à environ quatre-vingts kilomètres à l'ouest d'Athènes, cette cité grecque cosmopolite était située sur une importante route commerciale et jouissait d'une économie florissante. Grecs, Romains, Juifs et une multitude de marins et de marchands affluaient à ce carrefour. Les jeux athlétiques isthmiques s'y déroulaient tous les deux ans. À la fin du IIe siècle, Corinthe était devenue l'une des villes les plus riches du monde. Paul la considérait comme une ville stratégique et influente, mais elle était imprégnée de péchés. C'était l'une des villes les plus corrompues de l'Antiquité. La dégradation, l'immoralité et les coutumes païennes y abondaient.

Si vous vouliez condamner quelqu'un pour immoralité, vous le qualifieriez de «Corinthien». Avant le ministère de Paul, aucun chrétien ne résidait à Corinthe. Se souvenant de son action dans la ville, il écrivit: *«Et lorsque je suis venu vers vous, frères, je ne suis*

> *pas venu comme supérieur en éloquence ou en sagesse, pour vous annoncer le témoignage de Dieu. Car je n'ai pas jugé bon de savoir parmi vous autre chose que Jésus-Christ, et Jésus-Christ crucifié. Moi aussi, j'étais parmi vous dans la faiblesse, la crainte et un grand tremblement. Ma parole et ma prédication ne reposaient pas sur les discours persuasifs de la sagesse, mais sur une démonstration d'Esprit et de puissance, afin que votre foi repose, non sur la sagesse des hommes, mais sur la puissance de Dieu.» (1 Corinthiens 2:1-5).* Résumant le contenu de sa prédication, Paul dit: *«Je vous fais connaître, frères, l'Évangile que je vous ai annoncé, que vous avez reçu, dans lequel vous avez persévéré, et par lequel vous êtes sauvés, si vous le retenez fermement. Autrement, vous auriez cru en vain. Car je vous ai transmis avant tout ce que j'avais moi-même reçu, savoir que Christ est mort pour nos péchés, selon les Écritures; qu'il a été enseveli, et qu'il est ressuscité le troisième jour, selon les Écritures.» (1 Corinthiens 15:1-4)*

L'apôtre Paul croyait que le simple message de la mort, de l'ensevelissement et de la résurrection de Jésus-Christ avait le pouvoir intrinsèque de délivrer les hommes et les femmes du pouvoir des ténèbres et de les conduire au royaume de la lumière. Le Saint-Esprit, croyait-il, prend le message prêché, le communique au cœur et à l'esprit avec puissance et abat toute barrière. L'Évangile est la puissance de Dieu pour le salut (voir Romains 1:16). Charles Spurgeon, dans son livre «Lectures à Mes Étudiants», a donné ce conseil:

> *Quel que soit le texte que vous choisissez, allez droit à la croix. Car la croix est la force de tout ministre, et je ne voudrais m'en passer pour rien au monde. Un prédicateur sans la croix est comme un soldat sans ses armes ou un*

> *ouvrier sans ses outils. Sans la croix, je serais comme un pilote sans boussole ou un artiste sans pinceau. Que d'autres prêchent les joies du ciel et les terreurs de l'enfer. Que d'autres prêchent le sacrement et, par-là, l'Église. Que d'autres prêchent la réforme sociale et les questions sociales. Mais donnez-moi la croix. Que je prêche la croix. Car la croix est le seul instrument qui n'ait jamais bouleversé le monde et amené les hommes à abandonner leurs péchés.*

La Construction de Notre Prédication

La prédication biblique commence par la préparation du messager. EM Bounds a dit: *«Prêcher n'est pas l'accomplissement d'une heure. C'est l'épanouissement d'une vie.»* C'est l'épanouissement du cœur qui donne aux lèvres une parole pleine. La communion avec Dieu dans la prière et une étude biblique assidue sont, non seulement essentielles à une prédication efficace, mais aussi absolument essentielles à une vie productive. Lorsque Jésus a appelé ses disciples, il l'a fait *«afin qu'ils soient avec Lui et qu'Il les envoie prêcher » (Marc 3:14).* Cela implique qu'«être avec Lui» était une condition préalable pour prêcher «pour Lui». Le ministère naît et découle de la communion avec Lui. L'apôtre Paul a exhorté Timothée à étudier (voir 2 Timothée 2:15), à faire de la prière une priorité (voir 1 Timothée 2:1), et il a ensuite démontré ce précepte par son propre exemple. Il a déclaré que le fermier qui travaille dur doit être le premier à participer aux récoltes (voir 2 Timothée 2:6) et a mis en garde contre la possibilité de prêcher aux autres et de se retrouver pourtant disqualifié de la course (voir 1 Corinthiens 9:27). On ne saurait trop insister sur l'importance de la dévotion. Plus votre dévotion est riche, plus vos sermons le seront. Cependant, un avertissement s'impose: prenez garde à ne pas utiliser la prière et l'étude biblique comme un moyen d'arriver à vos fins. Trop de pasteurs ont succombé au piège d'utiliser le temps de dévotion pour «chercher des textes» ou «des sermons». Passer du temps avec Jésus n'est pas un moyen d'arriver à vos fins. C'est Lui la fin. Cependant, inévitablement, en passant du temps en sa présence, le Saint-Esprit éclairera et appliquera la Parole de Dieu à votre vie. Il vous éclairera sur les Écritures ou vous chargera d'un besoin particulier dans votre vie ou celle de votre congrégation. Pratiquez la discipline de noter vos pensées et les paroles que Dieu vous adresse. Ces réflexions seront précieuses pour la préparation de votre sermon et vous aideront à suivre votre propre cheminement spirituel. Concernant la préparation de votre message:

1. **Déterminer le besoin.** La construction d'un sermon commence par le discernement. *«Quel est le besoin?»* A-t-on besoin de salut? De guérison? De correction? D'encouragement? De baptême du Saint-Esprit? De croissance chrétienne? Que fait Dieu? Que dit-Il? On discerne généralement les besoins dans la prière, la lecture des Écritures, le jeûne et/ou simplement en vivant avec ceux que le Seigneur nous a appelés à guider.

2. **Choisissez le passage biblique approprié.** Parfois, le passage biblique représente un livre entier, ou parfois un long passage contenant une histoire ou un enseignement. Il peut s'agir d'une étude de personnage ou, parfois, d'un seul verset biblique.

3. **Acquérir une compréhension du texte.** Interpréter correctement le passage biblique choisi. Pour ce faire, lisez-le dans son contexte immédiat et dans le contexte plus large

du chapitre et du livre. S'il existe des passages parallèles, consultez-les. Un dictionnaire biblique, une concordance et des ouvrages consacrés à l'étude des mots peuvent aider à clarifier le sens de chaque mot. Une encyclopédie biblique permet d'acquérir une compréhension globale des contextes culturels, des cérémonies ou des sujets historiques mentionnés dans le passage.

4. **Décrivez le plan du passage.** Le plan suit généralement l'ordre du texte et reprend initialement la formulation des versets. Souvent, un schéma se dégage et, à l'aide d'un dictionnaire et d'un thésaurus, des mots ou expressions contemporains peuvent être utilisés pour identifier chaque point.

5. **Consultez les commentaires et autres auteurs.** Il est important de savoir comment ce texte ou ce verset a été traité historiquement. Les commentaires et les manuels de théologie constituent une référence pratique pour toute doctrine susceptible d'être influencée par le texte.

6. **Développer le message.** Identifier le texte, l'interpréter et s'abandonner à Dieu dans la repentance. Trop souvent, nous oublions la gravité d'un tel moment et nous contentons d'ajouter une invitation à la fin de nos sermons, sans véritable plan ni réflexion préalable sur la manière de conclure le message, pour appeler à une décision. Il y a rarement une continuité entre le sermon et l'appel. Souvent, cela ressemble à un addendum, un appendice à la proclamation plutôt qu'à son objectif. Pire encore est la manière dont nous lançons l'invitation. Les instructions sont souvent vagues et ce qui est demandé n'est pas clair. Le ton

est souvent: *«Si quelqu'un ici souhaite recevoir Jésus comme son Sauveur»*, plutôt que: *«Ceux d'entre vous qui veulent accepter Jésus comme votre Sauveur, avancez.»* Trop souvent, les pasteurs prêchent au-delà du point de conviction et ratent le point culminant du culte, lorsque les âmes sont prêtes à être rassemblées, semblant plus préoccupés par la conclusion de leur sermon que par l'appel à la conversion. À mon avis, l'objectif de tout culte devrait être l'invitation. Le but de la prédication est d'amener les hommes à Christ, et une fois le message communiqué, que vous soyez parvenu ou non à votre conclusion, il est temps de rendre un verdict. Comme l'un de mes mentors en prédication aime à le dire: *«Montez en chaire, le regard tourné vers l'autel.»*

8. **Délivrez avec le cœur.** Que vous prêchiez à partir d'un manuscrit, d'un plan ou que vous improvisiez, exprimez-vous avec conviction. David Hume était sceptique et condamnait une grande partie de ce qui était cher aux chrétiens. Un jour, alors qu'il parcourait les rues de sa ville à toute vitesse, enfilant son imperméable à la hâte, quelqu'un l'arrêta et lui dit: *«Monsieur Hume, où allez-vous si vite?»*

«Pour entendre George Whitfield», fut la réponse.

Complètement surpris, l'interrogateur a demandé: *«Pourquoi, vous ne croyez pas ce que fait M. Whitfield, n'est-ce pas?»*

«Certainement pas!» fut la réponse. *«Mais Whitfield, oui, et je veux entendre quelqu'un qui le sait.»*

Pasteure Dr. Claudine Benjamin

L'appel à la Prédication Biblique

La Grande Mission repose sur un témoignage fidèle de l'œuvre salvifique de Dieu par Jésus-Christ. Quiconque invoque le nom du Seigneur sera sauvé, mais comment l'entendra-t-il et croira-t-il sans prédicateur ? Jamais le besoin d'un prédicateur et de la Parole de Dieu n'a été aussi grand qu'aujourd'hui. L'appel à prêcher n'est ni héréditaire, ni acquis par le développement des talents oratoires, ni transmis par les mains du presbytère. Il naît du cœur de Dieu et est communiqué par l'action du Saint-Esprit. Souvent, cet appel est antérieur à la naissance.

La Parole du Seigneur fut adressée à Jérémie et lui annonça qu'il avait été sanctifié et ordonné prophète dès le sein de sa mère (voir Jérémie 1:5). Il en fut de même pour Isaïe, qui déclara: *«Le Seigneur m'a appelé dès le sein maternel»* (voir Isaïe 49:1). L'apôtre Paul affirma que c'est Dieu qui l'avait mis à part dès le sein de sa mère et l'avait appelé par sa grâce afin de révéler son Fils en lui pour qu'il prêche parmi les Gentils (voir Galates 1:15). Les Écritures regorgent de données biographiques sur des prédicateurs et des prophètes et sur la manière dont ils ont découvert l'appel souverain de Dieu. Samuel prit conscience de son appel lorsqu'il apprit à distinguer la voix de Dieu de celle d'Éli. Moïse entendit la sienne lors d'une rencontre décisive avec Dieu, tard dans sa vie, alors qu'il se tenait pieds nus devant un buisson ardent sur le mont Horeb. Pour Isaïe, son appel est venu d'une révélation divine du Seigneur des armées dans le temple, l'année même de la mort du roi Ozias.

Paul a rencontré le Seigneur ressuscité alors qu'il était en route vers Damas. Chacune de ces rencontres était unique, mais toutes divines et directrices. Il en est de même aujourd'hui. Dieu appelle toujours des hommes et des femmes au service sacré de la transmission de sa Parole. Cela se présente sous diverses formes et dans des circonstances variées ; néanmoins, son appel est certain et définitif. On le décrit souvent comme une pulsion intérieure inéluctable et irrésistible, un sentiment d'urgence absolue de prêcher l'Évangile de Jésus-Christ. Souvent, cette contrainte s'accompagne d'un sentiment de fardeau, dont les fruits se manifestent. Mais à ceux qui acceptent son appel, Dieu promet sa présence éternelle.

David Livingstone est né à Blantyre, en Écosse, en 1813. Jeune garçon, il s'asseyait souvent sur les genoux de son père et écoutait le récit de ses grands exploits missionnaires. Son jeune cœur était constamment ému, et il priait pour que le jour vienne où il servirait le Seigneur de cette manière. Un tournant s'est produit lorsque son cœur a été interpellé par la lecture de la vie de Karl Gutzlaff, le médecin missionnaire Autrichien. Un jour, il s'est agenouillé et a prononcé cette prière: *«Envoie-moi où tu veux, viens seulement avec moi. Confie-moi tout fardeau, soutiens-moi seulement. Coupe tout lien, sauf ceux qui m'attachent à Ton service et à Ton cœur.»* Et, dit-il, à travers tout cela, les paroles du Seigneur lui sont parvenues: *«Voici, je suis avec vous tous les jours, jusqu'à la fin du monde.» (Matthieu 28:20 - LSG).* Il épousa Mary, une jeune femme d'élite, fille du célèbre missionnaire Robert Moffat, et partit servir en Afrique. À son arrivée sur son lieu de ministère, il nota dans son journal: *«Le spectre obsédant de la fumée de mille villages au soleil matinal a brûlé mon cœur.»* Il s'enfonça toujours plus au nord, en territoire inconnu. Puis il renvoya sa femme et sa famille. Cinq ans plus tard, il revit Mary. Lorsqu'elle le vit, elle ne le reconnut pas. Son visage était devenu noir et craqué, comme du cuir, après avoir subi les ravages du climat et de la maladie. Il avait été attaqué par un lion qui lui avait complètement arraché une épaule. Il avait heurté la branche d'un arbre qui lui avait complètement aveuglé un

Pasteure Dr. Claudine Benjamin

œil et abîmé l'autre. Pourtant, chaque fois qu'il parcourait les couloirs des universités pour donner des conférences, des milliers de personnes se levaient pour applaudir, reconnaissant qu'un géant parmi les hommes était parmi eux. Après son retour en Afrique, il poursuivit son œuvre. Durant sa longue et pénible carrière, il fut séparé pendant de longues périodes de ceux qu'il aimait. Puis, après avoir retrouvé sa femme, celle-ci tomba gravement malade et mourut peu après. Agenouillé près de sa tombe, il pleura et dit: *«Mon Jésus, mon Roi, ma vie, mon Tout, je te confie à nouveau ma vie. Je n'accorderai de valeur à rien de ce que je possède, ni à rien de ce que j'entreprends, si ce n'est en rapport avec ton royaume et ton service.»* Et malgré tout cela, les paroles du Seigneur lui revinrent: *«Voici, je suis avec vous tous les jours, jusqu'à la fin du monde.»*

En 1873, David Livingstone mourut à genoux dans un village au cœur de l'Afrique. Selon Ravi Zacharias, *«Voici la qualité de vie d'un homme qui nous révèle la force d'être en contact avec le monde, en contact avec son message, et d'être déconnecté de son propre confort et de ses propres droits.»* Fort de cette qualité de vie, il a laissé un souvenir indélébile du Christ dans le cœur des Africains. Ainsi, en prêchant parmi ceux qui s'agenouillent devant d'autres dieux, vous et moi, en contact avec eux, en contact avec Dieu, et déconnectés de notre propre confort, pouvons atteindre les masses pour le Christ.

Mark L. Williams, D. Min. | DD

Surveillant général adjoint
Directeur Exécutif, Division de l'Éducation

Chapitre 20

L'évangélisation Personnelle et la Grande Mission

La Grande Mission *Personnelle*

D. T. Niles a dit un jour: *«L'évangélisation, c'est un mendiant qui dit à un autre mendiant où trouver du pain.»* Cette affirmation saisit la nature personnelle de l'évangélisation, mais qu'en est-il de la *grandeur* de la Grande Mission? La juxtaposition de ces deux mots – *personnel* et *grandeur* – mérite une réflexion plus approfondie.

Quand nous pensons à la Grande Mission, nous imaginons un mouvement mondial: l'Église propageant l'Évangile à travers les nations. Nous imaginons des croyants du monde entier prêchant le Christ aux perdus. Mais comment cette mission devient-elle personnelle? Quelle est la place du disciple dans le plan de Dieu pour la proclamation universelle du salut?

Pasteure Dr. Claudine Benjamin

La réponse est mieux illustrée dans les Écritures par le récit de la guérison par Jésus de l'homme possédé par un démon de Gadara, rapporté dans Marc 5:1–20.

La majeure partie du ministère de Jésus se déroula à Capharnaüm et dans ses environs, ville située sur la rive nord-ouest de la mer de Galilée. Ce lac d'eau douce, qui se jette dans le Jourdain, bordait à la fois des régions juives et païennes. La rive occidentale appartenait à la Galilée, province juive, tandis que la rive orientale abritait des païens. Au sud-est du lac et à l'est du Jourdain se trouvait la Décapole, terme grec signifiant *«Dix Cités»*. Parmi ces villes figuraient Gérasa, Gergesa et Gadara, dont les habitants étaient souvent appelés Géraséniens, Gergeséniens ou Gadaréniens. Cette région se trouvait au-delà des frontières d'Israël, où l'on n'adorait pas le Dieu d'Abraham, d'Isaac et de Jacob.

C'est dans ce pays païen que Jésus rencontra l'un des personnages les plus tragiques des Écritures: un homme possédé par des démons. Connu sous le nom de *Légion,* il était hors de contrôle, vivant parmi les morts, isolé et tourmenté. D'autres avaient tenté de l'aider, mais son esclavage intérieur était plus fort que toute intervention humaine. Aucune puissance terrestre ne pouvait le changer, seul Jésus-Christ, le Fils de Dieu. Et lorsque le Christ ordonna aux démons de partir, l'homme fut complètement délivré, transformé et restauré.

Ce qui s'est passé ensuite démontre le lien entre l'évangélisation personnelle et la Grande Mission: *«Lorsqu'il fut monté dans la barque, celui qui avait été possédé par le démon le pria de le laisser rester avec lui. Mais Jésus ne le lui permit pas, mais lui dit: «Va dans ta maison, vers tes amis, et raconte-leur tout ce que le Seigneur t'a fait et comment il a eu compassion de toi.»* Puis il *partit, et se mit à publier dans la Décapole tout ce que Jésus avait fait pour lui. Et tous furent dans l'étonnement.» (Marc 5:18-20 - LSG).*

L'homme désirait ardemment suivre Jésus. Compte tenu de sa transformation radicale, il lui semblait logique, voire stratégique, de voyager avec le Christ et de partager son témoignage. Il aurait pu être un témoin puissant, un exemple vivant de l'autorité de Jésus sur les forces démoniaques, attirant de grandes foules à l'écoute de l'Évangile. Pourtant, Jésus ne lui permit pas de se joindre aux disciples itinérants. Il lui confia plutôt la mission de rentrer chez lui et de témoigner à ceux qui le connaissaient le mieux. Pourquoi? Parce que l'évangélisation commence chez soi. Avant d'atteindre les nations, l'Évangile doit transformer les foyers, les communautés et les amitiés. Jésus voyait le besoin primordial : non pas la dévotion d'un seul homme, mais le salut de toute une région.

L'homme obéit sans hésitation. Il rentra chez lui et commença à proclamer la bonne nouvelle, partageant son témoignage avec ceux qui l'avaient craint ou plaint. Sa crédibilité était indéniable; les gens avaient été témoins de ses tourments passés et assistaient maintenant à sa transformation miraculeuse. Même les agriculteurs locaux confirmèrent sa délivrance, ce qui rendit son témoignage d'autant plus puissant.

Sa fidélité porta ses fruits. En Marc 7:31, Jésus retourna en Décapole, la région même où il avait envoyé l'homme témoigner. L'impact de son témoignage était alors évident. Des foules se ruèrent vers Jésus, ce qui conduisit à des miracles remarquables, notamment la guérison d'un sourd (voir Marc 7:33-37) et la distribution de nourriture à quatre mille personnes (voir Marc 8:1-

9). Qu'est-ce qui attira tant de personnes à Jésus? Peut-être était-ce le témoignage audacieux d'un homme qui obéit au commandement du Seigneur.

Ce récit illustre comment la Grande Mission s'accomplit au niveau personnel. Dieu n'appelle pas chaque croyant à une tribune publique, mais il appelle chacun à partager l'Évangile dans sa sphère d'influence. Si vous êtes sauvé, vous avez un témoignage, une histoire de transformation par Christ. Comme l'homme guéri de Gadara, vous êtes appelé à proclamer les grandes choses que le Seigneur a faites pour vous. Qui, dans votre vie, a besoin d'entendre la Bonne Nouvelle aujourd'hui?

Chapitre 21

Atteindre les Peuples non Atteints: Les Missions Mondiales et la Grande Mission

La Mission Mondiale n'est pas seulement un aspect de l'œuvre de l'Église, elle est **au cœur même de la Grande Mission**. La mission de Dieu est ancrée dans les Écritures, de la Genèse à l'Apocalypse. Jésus-Christ n'est pas venu seulement pour un groupe restreint de personnes; il est venu **pour toutes les nations, toutes les tribus et toutes les langues**. Son sacrifice sur la croix a été l'expression ultime de l'amour de Dieu pour le monde (Jean 3:16), et son commandement à ses disciples était clair: *«Allez donc, faites de toutes les nations des disciples, les baptisant au nom du Père, du Fils et du Saint-Esprit, et enseignez-leur à observer tout ce que je vous ai prescrit. Et voici, je suis avec vous tous les jours, jusqu'à la fin du monde. Amen.»* (Matthieu 28:19-20)

Malgré la clarté de ce mandat, de nombreuses églises considèrent aujourd'hui les missions comme une activité secondaire, un programme parmi d'autres. Or, Missions Mondiales n'est pas un département; c'est la raison même de l'existence de l'Église. Sans évangélisation, l'Église perd sa raison d'être et désobéit à sa vocation.

Pasteure Dr. Claudine Benjamin

Dick Hillis a déclaré à juste titre: *«Ce n'est pas notre responsabilité d'amener le monde à Christ; mais c'est notre responsabilité d'amener Christ au monde.»*

Cette distinction est essentielle. Nous ne pouvons contraindre personne à accepter le salut, mais nous **devons** veiller à ce que chacun ait la possibilité d'entendre le message du Christ. L'Église existe pour trois raisons principales:

1. **Ministère pour le Seigneur** — Adoration, prière et glorification de Dieu.
2. **Ministère du Corps** — Renforcer les croyants par le discipulat et les soins.
3. **Ministère dans le monde** — Évangélisation, missions et actes de service.

À la base de chacun de ces principes se trouve **l'amour,** car l'amour est la marque distinctive d'un véritable chrétien (voir Jean 13:35). Le plus grand amour jamais manifesté fut celui de Dieu qui a envoyé son Fils (voir Romains 5:8). En tant que disciples, nous sommes appelés à suivre son exemple en transmettant son message à ceux qui ne l'ont jamais entendu.

Le Fondement Biblique des Missions

Bien que les mots *mission* et *missionnaire* ne figurent pas explicitement dans les Écritures, ce concept est profondément ancré dans le plan rédempteur de Dieu. La **Bible tout entière est un livre missionnaire**, depuis l'appel divin à Abraham pour bénir les nations (voir Genèse 12:1-3) jusqu'à la scène finale de l'Apocalypse, où des hommes de **toutes tribus, langues et nations** se tiennent devant le trône de Dieu (voir Apocalypse 7:9).

Le mot *missionnaire* vient du latin *missio*, qui signifie «envoyer», parallèle au grec *apostello*, qui signifie «les envoyés». Un missionnaire n'est pas simplement quelqu'un qui **part**; c'est quelqu'un qui est **envoyé**, chargé par Dieu et l'Église locale de proclamer l'Évangile (voir Actes 13:1-3).

Cependant, la mission ne se résume pas à évangéliser; il s'agit de **faire des disciples**. Jésus nous a ordonné de **baptiser** et **d'enseigner**, afin que les nouveaux croyants grandissent dans la foi et la maturité. C'est pourquoi l'œuvre missionnaire est incomplète sans **l'implantation d'églises**. Un véritable effort missionnaire établit un groupe de croyants autonomes qui perpétuent l'œuvre de l'Évangile dans leur propre culture.

Le Rôle de l'Église dans les Missions

Chaque église locale joue un rôle dans l'accomplissement de la Grande Mission. Le pasteur est le chef local de cette mission divine. Si un pasteur ne croit pas aux missions ou n'y accorde pas d'importance, la congrégation n'en fera probablement pas non plus une priorité. Là où règne **le silence en chaire sur les missions, règne le silence sur les bancs.**

La mission mondiale n'est pas une option: c'est un commandement du Christ Lui-même. Chaque croyant doit reconnaître sa responsabilité personnelle de participer à la diffusion de l'Évangile.

Pasteure Dr. Claudine Benjamin

La Grande Mission: Une Mission Divine

Le mot *«mission»* désigne **un commandement autoritaire, une charge et un pouvoir conférés dans un but précis.** [2]La Grande Mission n'est pas une simple suggestion: c'est une mission de Jésus-Christ à ses disciples.

Passages Clés de la Grande Mission

Tout au long des Écritures, le Christ a donné Son commandement final de diverses manières, renforçant l'appel aux missions.

1. **Matthieu 28:18-20 – Le Commandement de Faire des Disciples**

Ce passage est peut-être la déclaration la plus célèbre de la Grande Mission. Jésus a déclaré: *«…Tout pouvoir m'a été donné au ciel et sur la terre. Allez donc, faites de toutes les nations des disciples, les baptisant au nom du Père, du Fils et du Saint-Esprit, et enseignez-leur à observer tout ce que je vous ai prescrit. Et voici, je suis avec vous tous les jours, jusqu'à la fin du monde. Amen.»*

Trois éléments clés ressortent:

1. **Puissance** — Jésus nous assure que nous n'accomplirons pas cette mission par nos propres forces. Sa puissance et son autorité nous équipent.
2. **Objectif** — L'appel est de **faire des disciples, de baptiser de nouveaux croyants et de leur enseigner** la Parole de Dieu.

---

[2]Dictionnaire intégral de Random House (New York: Random House, 1999), 412.

3. **Présence** — Jésus promet d'être avec nous si nous obéissons à son commandement.

Le véritable discipulat exige un engagement. Aux temps bibliques, les disciples suivaient leurs rabbins de si près qu'on disait qu'ils étaient **«couverts de la poussière de leurs pieds»**. Cela reflétait leur dévouement total à l'apprentissage et à la pratique de leur maître. Aujourd'hui, le Christ appelle ses disciples au même niveau d'engagement.

2. Marc 16:15-18 – L'urgence de la mission

Jésus a également commandé: *«Allez par tout le monde, et prêchez la bonne nouvelle à toute la création. Celui qui croira et sera baptisé sera sauvé, mais celui qui ne croira pas sera condamné. Voici les miracles qui accompagneront ceux qui auront cru: en mon nom, ils chasseront les démons; ils parleront de nouvelles langues; ils saisiront des serpents; et s'ils boivent quelque breuvage mortel, il ne leur fera point de mal; ils imposeront les mains aux malades, et les malades seront guéris.»*

Ce passage souligne trois aspects cruciaux:

1. **L'appel à partir** — Chaque nation, chaque groupe ethnique et chaque individu doit entendre l'Évangile.
2. **La conséquence du rejet** — Ceux qui rejettent le Christ seront confrontés à une séparation éternelle d'avec Dieu.
3. **La puissance du croyant** — Des signes et des prodiges accompagneront ceux qui marchent en obéissance au commandement du Christ.

3. **Luc 24:47-48 – L'appel à prêcher la repentance**

Jésus a déclaré: «*...que la repentance et la rémission des péchés soient prêchées en son nom à toutes les nations, à commencer par Jérusalem. Et vous en êtes témoins.*»

La repentance implique:

1. **Tristesse selon Dieu** pour le péché.
2. **Confession** d'un acte répréhensible.
3. **Une décision de se détourner** du péché.
4. **Restitution** dans la mesure du possible.
5. **Recevoir le pardon.**

Ce message doit être proclamé à **toutes les nations.** Nul n'est exempté de l'appel au salut.

Les Valeurs Fondamentales des Missions Mondiales

Jacques condamne les églises qui privilégient la richesse et le luxe au détriment **du service chrétien pratique.** Le véritable travail missionnaire repose sur quatre valeurs fondamentales:

- **Gagner les perdus** — Partager l'Évangile avec ceux qui ne l'ont jamais entendu.
- **Discipuler les croyants** — Assurer la maturité spirituelle des nouveaux convertis.
- **Former des dirigeants** — Former des pasteurs, des missionnaires et des ouvriers.
- **Prendre soin des nécessiteux** — Servir les pauvres, les sans-abris et les démunis.

La mission n'est pas un programme, c'est **la raison d'être de l'Église.** Puisque le cœur de Dieu bat pour les perdus, tous ceux qui le suivent doivent participer à cette mission.

« Si un chrétien ne s'implique pas dans les missions, il ne fait pas sa volonté. »

L'appel Qui Ne Peut Pas Attendre

Alors que nous approchons de la fin de ce livre, le message demeure clair et retentissant: le temps presse, la moisson est mûre et les ouvriers sont peu nombreux. L'urgence de gagner des âmes n'est pas seulement un appel passionné, mais un mandat divin donné à chaque croyant par notre Seigneur Jésus-Christ. La Grande Mission n'est pas une option pour l'Église; elle est le cœur même de notre foi et la raison d'être de notre existence.

Dans un monde qui s'assombrit de jour en jour, la lumière de l'Évangile doit briller plus intensément en nous. Des âmes sont en jeu; certaines pourraient ne jamais entendre la vérité si nous ne parlons pas, n'allons pas, ne donnons pas et ne prions pas. Le paradis est réel. L'enfer est réel. L'éternité est certaine. Et l'amour doit nous pousser à agir.

Soyons des ambassadeurs du Christ, revêtus de compassion, guidés par la vérité et investis par le Saint-Esprit. Ne soyons plus silencieux ni distraits, mais soyons urgents, déterminés et obéissants. C'est notre moment dans l'histoire. Ne le gâchons pas.

Que nos cœurs brûlent du feu de l'évangélisation. Que nos pas soient prompts à porter la Bonne Nouvelle. Et que nos vies soient

Pasteure Dr. Claudine Benjamin

pleinement consacrées à la mission de faire des disciples de toutes les nations, en commençant par l'âme qui est juste devant nous.

La Grande Mission est toujours grande.

Le moment est venu.

C'est à vous de décider.

Aller.

«Et il leur dit: Allez par tout le monde, et prêchez la bonne nouvelle à toute la création.» (Marc 16:15).
  «Certains souhaitent vivre au son des cloches d'une église ou d'une chapelle ; je veux gérer un magasin de sauvetage à deux pas de l'enfer.» —C.T

Chapitre 22

Équiper l'Église pour l'évangélisation

Dans un monde de plus en plus sombre et éloigné de Dieu, l'Église doit se lever, non seulement comme lieu de culte, mais aussi comme terrain d'entraînement au combat. L'appel à l'évangélisation n'est pas une activité extrascolaire dans la vie du croyant; il est le cœur de la vie chrétienne. L'évangélisation est la mission divine de l'Église et sa mission la plus urgente.

Pour atteindre les perdus, l'Église doit être équipée. Une Église sans formation est une Église mal préparée. Une Église mal préparée sera inefficace. Le temps est venu d'équiper chaque croyant pour qu'il devienne un gagneur d'âmes, un ambassadeur du Christ et une lumière dans les ténèbres.

L'Église: l'Instrument Stratégique de Dieu

La stratégie de Dieu pour atteindre le monde a toujours inclus son peuple. Des prophètes de l'Ancien Testament aux apôtres du Nouveau Testament, Dieu a constamment utilisé des hommes et des femmes pour transmettre son message. Aujourd'hui encore, il continue d'utiliser l'Église comme instrument du salut sur terre.

Pasteure Dr. Claudine Benjamin

Dans Éphésiens 4:11-12, Paul écrit: *«Et il a donné les uns comme apôtres, les autres comme prophètes, les autres comme évangélistes, les autres comme pasteurs et docteurs, pour le perfectionnement des saints, en vue de l'œuvre du ministère et de l'édification du corps de Christ.»*

Ce passage des Écritures est clair : les responsables de l'Église ne sont pas seulement appelés à prêcher, mais aussi à former. Leur rôle est de former, d'encadrer et de mobiliser les saints pour l'œuvre du ministère, qui comprend l'évangélisation.

Obstacles à l'Évangélisation dans l'Église

Avant de pouvoir équiper efficacement, nous devons reconnaître et affronter les obstacles qui entravent l'évangélisation dans de nombreuses congrégations:

1. Peur du Rejet ou de l'Échec

De nombreux croyants craignent de ne pas trouver les mots justes ou d'être rejetés. Cette peur les paralyse.

2. Manque de Formation

Beaucoup trop d'églises n'offrent pas d'enseignement d'évangélisation ni d'opportunités de pratique.

3. Complaisance et Confort

Dans les sociétés prospères, l'urgence du salut est souvent perdue dans le confort de la vie quotidienne de l'Église.

4. Vision Floue

Les gens restent inactifs sans une vision évangélique claire et communiquée par les dirigeants.

Ces obstacles doivent être surmontés par un enseignement intentionnel, par le discipulat et par la création d'une culture d'église où gagner des âmes n'est pas seulement célébré mais attendu.

Construire une Culture d'Évangélisation et d'Équipement

Équiper l'Église pour l'évangélisation exige une approche multidimensionnelle, impliquant l'esprit, la pensée et la mise en pratique.

1. Préparation Spirituelle

L'évangélisation n'est pas seulement une tâche, c'est une mission spirituelle. Les croyants doivent être investis par le Saint-Esprit.

Jésus a dit à ses disciples: *«Mais vous recevrez une puissance, le Saint-Esprit survenant sur vous, et vous serez mes témoins...»* *(Actes 1:8a).*

Avant toute action d'évangélisation, l'Église doit prier. Les responsables doivent favoriser une atmosphère de soif spirituelle par le jeûne, l'intercession et l'enseignement sur le rôle du Saint-Esprit. L'évangélisation doit découler de l'intimité spirituelle avec Dieu.

2. Alphabétisation Biblique

Pour témoigner efficacement, les croyants doivent savoir ce qu'ils croient et pourquoi. L'Écriture est notre fondement. L'équipement doit inclure:

- Versets clés sur le salut (par exemple, Romains 3:23, 6:23, Jean 3:16, Romains 10:9-10).

- Comment expliquer le péché, la repentance, la grâce et la vie éternelle.

- Comprendre la différence entre religion et relation.

Lorsque les croyants sont ancrés dans la Parole, ils ne sont pas facilement ébranlés ou intimidés.

3. Développement du Témoignage Personnel

Chaque croyant a une histoire. L'un des outils d'évangélisation les plus puissants est le témoignage d'une vie transformée. Formez l'assemblée pour partager son témoignage de manière claire et concise, en mettant l'accent sur l'œuvre de Dieu.

Apocalypse 12:11a dit: *«Et ils l'ont vaincu à cause du sang de l'agneau et à cause de la parole de leur témoignage...»*

4. Formation Pratique et Jeu de Rôle

Des ateliers, des formations à l'évangélisation et des simulations de témoignages aident les croyants à gagner en confiance. C'est là que la théorie devient pratique. Associez les nouveaux croyants à des gagneurs d'âmes expérimentés. Fournissez du matériel tel que des tracts, des cartes d'évangélisation et des outils numériques.

5. Discipulat Continu

L'évangélisation ne s'arrête pas à la conversion. L'Église doit être prête à former les nouveaux croyants. Les cours, les programmes de mentorat et les groupes de responsabilisation sont essentiels à la croissance spirituelle et à la fidélisation.

Matthieu 28:20 nous demande d'enseigner aux nouveaux croyants à *«observer tout ce que je vous ai prescrit»*. Le discipulat est la continuation de l'évangélisation.

Leadership: Allumer la Flamme

Les dirigeants d'Église doivent montrer l'exemple. Lorsque les pasteurs évangélisent, les fidèles sont incités à les suivre. La prédication doit inclure des messages qui soulignent l'urgence du salut, la réalité de l'éternité et la joie d'amener les autres à Christ.

Les dirigeants devraient:

- Nommer et former une équipe d'évangélisation.
- Définissez des objectifs de sensibilisation et des plans d'engagement communautaire.
- Créez des moments de témoignage pendant le service.
- Célébrez publiquement les victoires qui gagnent des âmes.

Pasteure Dr. Claudine Benjamin

Lorsque l'évangélisation fait partie de l'ADN de l'Église, la croissance est inévitable, non seulement en nombre, mais aussi en maturité spirituelle.

L'Évangélisation Comme Mode de Vie

L'objectif ultime n'est pas seulement d'organiser des événements d'évangélisation, mais de cultiver l'évangélisation comme un mode de vie. Chaque croyant doit se considérer comme un missionnaire – au travail, dans son quartier, dans sa famille. L'Église se rassemble pour être équipée, mais elle se disperse pour atteindre le monde.

N'oublions jamais: Le paradis et l'enfer existent. Le temps presse. Jésus revient bientôt. L'Église doit être équipée et enflammée.

Charge de Clôture

L'heure est tardive. La moisson est mûre. Les ouvriers sont peu nombreux.

Mais Dieu appelle Son Église à se lever, à s'entraîner, à aller et à gagner.

Il est temps d'équiper l'Église pour l'évangélisation, non pas demain, mais aujourd'hui.

Ne dites-vous pas: Il y a encore quatre mois avant la moisson? Voici, je vous le dis, levez les yeux, et regardez les champs; car ils blanchissent déjà pour la moisson. (Jean 4:35)

Section de Réflexion

Questions de Réflexion Personnelle

1. Êtes-vous personnellement équipé pour partager l'Évangile avec quelqu'un? Si ce n'est pas le cas, qu'est-ce qui vous en empêche?

2. À quand remonte la dernière fois où vous avez parlé de Jésus à quelqu'un?

3. Avez-vous fait de l'évangélisation un mode de vie ou est-ce quelque chose que vous envisagez occasionnellement?

4. De quelles manières pouvez-vous soutenir ou participer aux efforts de sensibilisation de votre église?

5. Quelles disciplines spirituelles (prière, jeûne, étude de la Bible) pouvez-vous renforcer pour vous préparer à gagner des âmes?

6. Avez-vous récemment partagé votre témoignage? Comment pouvez-vous mieux l'utiliser pour conduire quelqu'un à Christ?

7. Quelles mesures spécifiques pouvez-vous prendre cette semaine pour atteindre une âme perdue?

Défi: Choisissez une personne dans votre vie qui ne connaît pas Jésus. Priez pour elle chaque jour cette semaine et cherchez une occasion de lui parler de l'Évangile.

Pasteure Dr. Claudine Benjamin

Prière de Clôture

Père, au nom de Jésus, je te remercie pour ton appel à atteindre les perdus. Pardonne-moi pour les moments où j'ai été silencieux ou hésitant. Allume en moi un feu sacré pour accomplir la Grande Mission. Équipe-moi par ta Parole, fortifie-moi par ton Esprit et donne-moi l'audace de proclamer l'Évangile avec amour et clarté. Sers-toi de moi comme ton instrument – au sein de mon église, de ma famille, de ma communauté et au-delà. Fais que je ne me contente pas de l'église comme d'habitude, mais que ma vie soit un champ de mission quotidien. Je reçois le manteau du gagneur d'âmes et je réponds oui à l'appel. Au nom de Jésus. Amen.

Des Écritures: Équiper l'Église Pour l'Évangélisation

La Grande Mission et le Mandat d'Évangélisation

- Matthieu 28:19–20
- Marc 16:15
- Actes 1:8
- Jean 4:35

Puissance du Saint-Esprit

- Luc 24:49
- Actes 2:1–4
- Zacharie 4:6

Équiper les Saints

- Éphésiens 4:11–12
- 2 Timothée 2:2
- 2 Timothée 3:16–17

L'Audace dans le Témoignage

- Romains 1:16
- Proverbes 28:1
- Actes 4:29–31

Importance de la Parole

- Romains 10:9–10
- Romains 3:23
- Romains 6:23
- Jean 3:16

Surmonter la Peur

- 2 Timothée 1:7
- Ésaïe 41:10
- Philippiens 4:13

Témoignage et Victoire

- Apocalypse 12:11
- Psaume 107:2
- 1 Pierre 3:15

Écritures sur le Gain d'Âmes et la Grande Mission

La Grande Mission (Le Mandat)

- **Matthieu 28:19–20** – Allez, faites de toutes les nations des disciples.
- **Marc 16:15** – Prêchez la bonne nouvelle à toute la création.

L'urgence de la Récolte

- **Jean 4:35** – Les champs blanchissent déjà pour la moisson.
- **Romains 13:11** – Il est maintenant temps de nous réveiller enfin du sommeil.
- **Proverbes 24:11** – Délivrez ceux qui sont menés à la mort.

Habilité à Témoigner

- **Actes 1:8** – Vous recevrez le pouvoir d'être témoins.
- **2 Timothée 4:2** – Insiste en toute occasion, en toute circonstance.
- **Matthieu 10:7–8** – En allant, prêchez, guérissez et délivrez.

La Réalité de l'Éternité

- **Hébreux 9:27** – Il est réservé aux hommes de mourir une seule fois, après quoi vient le jugement.
- **Matthieu 25:46** – Châtiment éternel ou vie éternelle.
- **Luc 16:23** – Dans le séjour des morts, il leva les yeux, tandis qu'il était en proie aux tourments.

L'Appel à Aller Secourir

- **Jude 1:23** – Sauvez les autres en les retirant du feu.
- **Ésaïe 6:8** – Qui enverrai-je ? Me voici, envoie-moi.
- **Ézéchiel 3:18** – Avertis les méchants de leurs voies.

Fidélité à la Mission

- **1 Corinthiens 9:16** – Malheur à moi si je n'annonce pas l'Évangile.
- **Daniel 12:3** – Ceux qui ramèneront beaucoup à la justice brilleront.
- **Galates 6:9** – Ne vous lassez pas de faire le bien.

Prière d'Engagement Envers la Grande Mission

Père céleste,

Je viens devant Toi aujourd'hui, le cœur ému par l'urgence de l'heure. Merci de m'avoir sauvé, racheté et appelé dans Ton Royaume pour un temps comme celui-ci. Je reconnais que la Grande Mission n'est pas une suggestion, mais un commandement. Et j'accepte ce commandement avec humilité, responsabilité et un cœur bien disposé.

Remplis-moi d'audace, de compassion et du feu du Saint-Esprit pour gagner des âmes. Ouvre mes yeux aux perdus qui m'entourent. Brise mon cœur pour ce qui brise le tien. Ne me laisse pas me taire tandis que d'autres périssent. Donne-moi la sagesse de parler, le courage d'agir et la sensibilité de suivre la direction de ton Esprit.

Que ce soit une seule âme ou plusieurs, aide-moi à être fidèle. Que ma vie prêche plus fort que mes paroles. Utilise-moi chez moi, au travail, dans ma communauté et partout où tu m'envoies.

Seigneur, je m'abandonne à Ton appel. J'irai. Je parlerai. Je servirai. J'aimerai. Que ta volonté soit faite en moi.

Au nom de Jésus.

Amen.

Appel à l'Action: Vos Prochaines Étapes en tant que Gagneur d'Âmes

1. **Priez quotidiennement pour les perdus.**

Demandez à Dieu de placer des personnes spécifiques sur votre cœur. Notez leurs noms et priez pour elles.

2. **Préparez votre témoignage.**

Soyez prêt à partager ce que Jésus a fait dans votre vie d'une manière simple, honnête et guidée par l'Esprit.

3. **Commencez là où vous êtes.**

Vous n'avez pas besoin d'un micro ni d'un voyage missionnaire pour commencer. Partagez l'Évangile avec votre famille, vos amis, vos voisins et vos collègues.

4. Equipez-vous de la Parole.

Étudiez les passages clés des Écritures sur le salut, l'évangélisation et la puissance de l'Évangile. Soyez prêt à donner une réponse.

5. Devenez partenaire de votre église locale.

Impliquez-vous dans les efforts de sensibilisation, les équipes d'évangélisation ou soutenez les missions par le biais de dons et de prières.

6. Restez rempli du Saint-Esprit.

Vous avez besoin de puissance divine, d'audace et de discernement. Recherchez Dieu chaque jour pour qu'il vous guide et vous aide.

7. N'abandonne pas.

Tout le monde ne réagira pas immédiatement. Continuez à planter des graines et faites confiance à Dieu pour la récolte.

Vous êtes appelés. Vous êtes choisis. Vous êtes envoyés.

Allez et gagnez des âmes pour le Christ.

Bibliographie

Guy P. Duffield et NM Van Cleave, Fondements de la Théologie Pentecôtiste (Los Angeles: LIFE Bible College, 1983), 430.

Charles W. Conn, Comme une armée puissante: une histoire de l'Église de Dieu (Cleveland, Tenn. : Pathway Press, 1977), 103-104.

JD Douglas, éd., Le travail d'un évangéliste: Congrès international pour les évangélistes itinérants, Amsterdam, Pays-Bas, (Minneapolis: World Wide Publications, 1984), 96-97.

CH Spurgeon, Conférences à Mes Étudiants (Londres: Passmore et Alabaster, 1881), I/72.

Max Lucado. Entretien. En Ligne: www.preaching.com.

John RW Stott, Entre Deux Mondes (Grand Rapids: Wm. B. Erdmanns Publishing Company, 1994), 92.8 Douglas, Ibid., 107

Marvin J. Newell, *Commandé* (St. Charles, Illinois: Church Smart Resources, 2010), 44.